D1657350

Werner Alberts
Uta Ranke-Heinemann

Werner Alberts

Uta Ranke-Heinemann

Abschied vom Christentum

Patmos

Biografischer Nekrolog

»Meine Biografie wollen Sie schreiben? Schreiben Sie lieber meinen Nekrolog.«

»Der ist längst fertig.«

»Beides interessiert mich nicht mehr.«

Uta Ranke-Heinemann im Oktober 2001

»Das Einzige, das ich am Papst gut finde:
Er raucht nicht und erzählt keine schmutzigen Witze.«

Uta Ranke-Heinemann im November 2003

Bibliografische Information der Deutschen Bibliothek

Die Deutsche Bibliothek verzeichnet diese Publikation in der Deutschen Nationalbibliografie; detaillierte bibliografische Daten sind im Internet unter http://dnb.ddb.de abrufbar.

1. Auflage 2004
Umschlaggestaltung: Groothuis, Lohfert, Consorten (Hamburg) unter Verwendung eines Fotos von Werner Alberts
Printed in Germany
ISBN 3-491-72476-7
www.patmos.de

Inhalt

Eine schwere Geburt

In allen Städten und Gemeinden des Deutschen Reiches marschieren sie an diesem Morgen durch die Straßen: Trommler- und Fanfarenkorps, Blaskapellen und Spielmannszüge der Musik-, Sport- und Schützenvereine. In Parkanlagen und auf größeren Plätzen schmettern Männergesangsvereine patriotisches Liedgut in den Herbsthimmel. Posaunenchöre, Orgeln und Kirchenchöre stimmen in den Gotteshäusern Loblieder an. Die öffentlichen Gebäude, aber auch viele Privathäuser tragen Flaggenschmuck.

Pauken und Trompeten ertönen an diesem 2. Oktober 1927 zum 80. Geburtstag von Reichspräsident Paul von Hindenburg. Ein sonniger Herbstsonntag, an dem genau um 8.07 Uhr im evangelischen Arnoldhaus in Essen ein neuer Erdenbürger das Licht der Welt erblickt und den erforderlichen ersten Schrei vernehmen lässt. Der Geburtsvorgang hat lange gedauert, Mutter Hilda Heinemann hat kaum noch die Kraft, ihr erstes Kind an sich zu drücken, als ihr Frau Münch, die Hebamme, das immerhin acht Pfund schwere Baby in die Arme legt. Wenig später findet Vater Gustav Heinemann seine Frau und den Nachwuchs schlafend vor. Die Eltern haben sich auf den Namen Uta Johanna Ingrid geeinigt. Mutter und Kind bleiben zwei Wochen im Arnoldhaus.

Die Taufe wird in festlichem Rahmen am 30. Dezember vollzogen. Mutter Hilda hat den Taufspruch ausgewählt: »Fülle uns früh mit Deiner Gnade, so wollen wir Dich rühmen und fröhlich sein unser Leben lang.« Acht Freunde und Verwandte stehen Pate: Frau Dr. L. Carstensen aus Bremen, Tante Gertrud Staewen aus Berlin, Tante Lore Heinemann, Frau Prof. G. Link aus Marburg, Frl. Studienrätin A. Schrader, Frl. Hilde Schulenburg aus Halle, Dr. Gottfried Hübener aus Nauheim und Dr. Hans Rohr aus der Schweiz. Die akademische Karriere des Täuflings scheint damit vorgezeichnet, dem kleinen Mädchen gewissermaßen in die Wiege gelegt.

Sieben Jahrzehnte später. Professor Dr. Uta Ranke-Heinemann ist Gast in der Fernseh-Kultsendung »Zimmer frei« des Westdeutschen Rundfunks.

»Die Wetten stehen 100:1, dass sie heute Abend wieder in ihrem grünen Kostüm auftritt«, leitet Moderatorin Christine Westermann die Sendung ein.

Sie behält Recht. Etwas unbeholfen in ihrer grünen Handtasche wühlend – »Wo hab ich denn meine Weitsichtbrille?« – stakst eine schlanke Frau in grünem Lederkostüm, grünen Schuhen und weißem Blusenpullover auf die Bühne. »Von diesen Blusen hab ich mir zwei gehäkelt. Mit dem Kostüm, das hab ich 1987 im Schlussverkauf für 450 Mark gekauft, mit den beiden Blusen und den Schuhen war ich drei Wochen in Amerika. Die haben sich immer wieder über das wenige Gepäck gewundert, aber das ist Rationalisierung. Am Flughafen brauche ich nie in der Schlange zu warten, ich habe immer nur Bordgepäck. Das Leben dauert doch nur eine bestimmte Zeit. Ich kauf mir nie was Neues, ich bin nicht nur eine Ein-Mann-Frau, sondern auch eine Ein-Kleid-Frau«, sprudelt es aus ihr heraus.

»Stimmt es, dass Sie immer Perücken tragen?«, fragt Moderator Götz Alsmann.

»Auch das ist Rationalisierung. Jacqueline Kennedy hat mich auf die Idee gebracht, dass man auf diese Weise viel Zeit seines Lebens spart. Übrigens schneide ich seit 50 Jahren meinem Mann die Haare mit einer Pudel-Schermaschine. Auf dem Karton steht immer noch: So verschaffen Sie Ihrem Liebling ein vergnügtes Hundeleben.« Das Publikum tobt.

»Sie sind seit 40 Jahren verheiratet …«

»Eigentlich schon seit 50 Jahren. 1946 habe ich Edmund in der Schule gesehen und sofort gewusst, den willst du heiraten. Nach römischem Recht macht nämlich bereits der Ehewille die Ehe und nicht erst der Beischlaf. Consensus facit matrimonium et non concubitus. 1946–1996, also 50 Jahre nach römischem Recht.«

»Können Sie kochen?«

»Nein, nicht einmal Wasser. Hab ich schon mal versucht, aber Edmund meinte, das hätte noch gar nicht richtig gekocht.«

»Sie können gut mit Computern umgehen. Wir haben alles vorbereitet für eine E-Mail an den Papst …«

»Muss das sein? Ich hab mir für meine Computer selber zwei Handbücher geschrieben, jeweils so 400 Seiten.« Die Professorin rückt Tastatur und Maus zurecht und legt los: »Sehr geehrter Papst. Ich werde gezwungen, Ihnen zu schreiben, obwohl ich dazu nicht die geringste Lust verspüre. Ich sage Ihnen meine Meinung lieber auf einem anderen Weg. Aber egal – wir wollen die Show nicht verderben. Ende-Ende.« Erneut tosender Beifall.

So kennt ein Millionenpublikum die Frau, die an Hindenburgs 80. zur Welt kam.

Intelligent, schlagfertig, kämpferisch, komisch – zweifellos treffen diese vier Attribute zu. Und doch beschreiben sie nur oberflächlich und bruchstückhaft das Wesen dieser Wissenschaftlerin, die auch als Clown höchstes Lob ernten würde; die von sich selbst sagt, dass sie Jahrzehnte hindurch tief gläubig gewesen sei, die aber zum Ende ihres Lebens nahezu alle Elemente des Christentums, insbesondere des Katholizismus, als Märchen und Legenden ablehnt; die am liebsten Kartoffeln mit Soße mag, aber bis zum Jahr 2001 nicht in der Lage war, eine Portion Pellkartoffeln selber zu kochen; die stundenlang mit der Lupe Texte in der Encyclopaedia Britannica studieren kann, aber noch nie in ihrem Leben auch nur eine einzige Stunde aus Freude am Nichtstun auf einer Kaimauer am Meer dem Schlag der Wellen gelauscht oder in einem Café dem tosenden Stadtverkehr zugeschaut hat.

Leben und Bedeutung von Uta Ranke-Heinemann zu beschreiben heißt zuallererst, mit großer Neugier viele Fragen zu stellen und Ergebnisse ihrer Arbeit aufzulisten. Da sind pralle Aktenordner mit bösen Briefen und Beschimpfungen, aber noch mehr Briefe mit Dank für Aufklärung, für Information, für Hilfe bei Glaubenszweifeln und für Trost. In ihrem Schlafzimmer und einem angrenzenden Raum reichen die Regale bis zur Decke. Gefüllt sind sie ausschließlich mit Belegexemplaren ihrer eigenen Werke in Deutsch und zahlreichen fremden Sprachen sowie mit den eigenhändigen Textkorrekturen der Übersetzungen. »Diese Korrekturen sind manchmal genauso umfangreich wie der Originaltext. Fast alle Übersetzer haben versucht, den Originaltext zu entschärfen.« Der spanische Übersetzer, ein Augustinermönch, wollte beispielsweise seinem Ordensgründer nicht weh tun und formulierte die deutsche Aussage »Augustinus hat wie alle Neurotiker …« um zu »Augustinus hat wie alle bedeutenden Philosophen …« Die polnische Ausgabe verzögerte sich um mehrere Jahre. URH lernte in dieser Zeit Polnisch, um jedem Übersetzungsfehler auf die Spur zu kommen. Eine der vielen Fragen an URH lautet daher, wie ein einzelner Mensch ein derart umfangreiches Lebenswerk schaffen kann, als Studentin, als Frau, als Mutter, als Gattin, als Tochter, als Wissenschaftlerin, als Bestsellerautorin, als Friedenskämpferin, als Frauenrechtlerin, als Talkshow-Star, als Lebens- und Sexualberaterin …

Das Pfund in der Wiege

In der Familiengeschichte der Großeltern und Eltern der kleinen Uta tauchen bereits viele Eigenschaften, Verhaltensweisen und Besonderheiten auf, die man später an ihr wahrnehmen wird.

Urgroßvater Carl Friedrich Heinemann arbeitete Zeit seines Lebens hart als Schlachter in der hessischen Kleinstadt Eschwege. Für seine Frau hatte er einen Acker gepachtet, den sie vorwiegend mit Tabak bepflanzte, um mit dem Verkauf der getrockneten Blätter zum Lebensunterhalt beizutragen. Vererbungstheoretiker würden wahrscheinlich schon hier ansetzen und schlussfolgern, dass Uta Ranke-Heinemanns Veranlagung, von früh bis spät hart zu arbeiten, hier ihre genetischen Wurzeln haben könnte.

Großvater Otto Heinemann wurde 1864 in dieses ärmliche Elternhaus hinein geboren. Doch für ihn stand schon als Kind fest, dass er niemals Metzger werden wollte. Auf der Volksschule lobten seine Lehrer immer wieder seine schnelle Auffassungsgabe, seinen Fleiß und seine Zielstrebigkeit. Ein Nachbar überzeugte ihn von den Vorteilen einer Lehre bei der Steuerkasse des Landkreises, auch wenn es in den ersten beiden Lehrjahren dafür nicht einen Pfennig gab. Otto liebte Zahlen und Formulare. Mit 28 Jahren sollte er Leiter der Sparkasse Eschwege werden, doch zog er es vor, den Posten des Kontrolleurs der Spar- und Stadtkasse in der westfälischen Industriestadt Schwelm anzunehmen.

Beruflich und als Hobby-Turner und Amateur-Schauspieler war Otto Heinemann viel unterwegs. Bei einem Wohltätigkeitsball lernte er in Barmen Johanna Walter kennen, eine von sechs Töchtern eines angesehenen Dachdeckermeisters. 1898 läuteten die Hochzeitsglocken. Die Flitterwochen verbrachte das junge Paar in Italien und in der Schweiz – sichtbares Zeichen dafür, dass der Aufstieg in das Bürgertum geschafft war. Am 23. Juli 1899 war das Glück perfekt: In Schwelm erblickte Gustav Walter Heinemann, der spätere Bundespräsident also, das Licht der Welt. Mit den beiden Vornamen wollte der stolze Vater seinen Schwiegervater ehren.

Dachdeckermeister Gustav Walter gehörte als Mitglied der Freisinnigen Demokraten dem Stadtrat von Barmen an. Auf sozialem Gebiet galt er als fortschrittlich, beteiligte er doch am Ertrag seiner Firma seine älteren Gesellen. Politisch kämpfte er gegen den Einfluss der

Kirchen und für die Abschaffung der Monarchie. Für kurze Zeit schloss er sich in Italien dem Revolutionär Giuseppe Garibaldi an. Gustav Walters Farben waren schwarz-rot-gold. Mit seinen radikalen Ansichten übte er einen nachhaltigen Einfluss auf seinen Enkel Gustav aus.

Am 15. Dezember 1900 bewarb sich dessen Vater Otto Heinemann mit 265 Konkurrenten bei der Stahl- und Rüstungsfirma Krupp in Essen um die Stelle eines Assistenten im Büro für Arbeiterangelegenheiten. Heinemann machte das Rennen mit deutlichem Vorsprung vor allen anderen. Das Traumgehalt von 5500 Mark im Jahr ermöglichte ihm den Kauf eines Hauses an der Krawehlstraße in Essen. Zehn Jahre später hatte er es endgültig geschafft. Als Leiter des Büros war er von der Einstellung bis zur Entlassung jetzt für alle »Kruppianer« zuständig, und das waren immerhin mehr als 30000 Männer in der »Waffenschmiede des Reiches«. Um sie und ihre Familien, aber auch alle anderen Industriearbeiter bei Unfällen und Krankheit besser abzusichern, förderte Heinemann die Gründung des rheinisch-westfälischen Verbandes der Betriebskrankenkassen. 1912 verlieh ihm Kaiser Wilhelm II. für seine Verdienste um das soziale Zusammenleben den Preußischen Kronenorden.

Otto Heinemann wird als zielstrebig und als gerecht gegen jedermann beschrieben, seine Frau Johanna als unternehmenslustige Frau, die mit den Kindern gern Karneval feierte oder Zirkusveranstaltungen besuchte. (An dieser Stelle wiederum könnten Genetiker vielleicht schon eine Antwort auf die Frage finden, warum URH vor allem bei ihren Fernsehauftritten gern stets die Lacher auf ihrer Seite hat.) Allerdings machten der lebenslustigen Johanna Heinemann Asthmaanfälle und ein Augenleiden, das später zur Erblindung führte, den Alltag schwer.

In der Familie wurde Gustav Heinemann »Tüpp« genannt. Tüpp, aber auch seine beiden Schwestern sollten im Leben vorankommen, es zu etwas bringen. Etwas wagen, vorwärtsstreben, sparsam sein – der Vater achtete darauf, dass die Kinder immer wieder an diese Grundsätze erinnert wurden. Mutter Johanna sorgte für die nötige Nestwärme. Die drei Geschwister erlebten eine sorgenfreie Kindheit. Der evangelische Glaube spielte keine besondere Rolle, die Kinder wurden zwar konfirmiert, aber niemals zum Sonntagsgottesdienst gezwungen.

In der Volksschule und am Essener Goethe-Gymnasium war Gustav Heinemann ein mittelmäßiger Schüler, dessen Noten sich im Laufe der Jahre allerdings bei »gut« einpendelten. »Die Jahre am Goethe-Gymnasium waren für Gustav Heinemann mit häufigen Demütigungen und seelischen Niederlagen verbunden. Mit seinem ausgeprägten Gerechtigkeitssinn – ein Erbteil seines Vaters – eckte er in der Schule immer wieder an. Manchmal wehrte er sich mit Widerworten, aber meistens steckte er die Demütigungen der Lehrer schweigend ein«, heißt es in einer Biografie.

1916, ein Jahr vor dem erfolgreichen Notabitur, schrieb Gustav Heinemann ein Theaterstück: »Konradin – der letzte Hohenstaufe«, ein Trauerspiel in fünf Aufzügen. In einem patriotischen Gedicht sehnte er sich nach einem Einsatz auf dem Schlachtfeld: »Kaum lass ich mich hier noch halten, möchte auch die Feind' zerspalten«. Im Sommer 1917 wurde er nach Münster eingezogen, nach einigen Wochen war er bereits der beste Richtkanonier seiner Batterie, aber dann verhinderten Krankheiten und die Kapitulation einen weiteren militärischen Aufstieg.

Nach dem Ende des Kaiserreiches notierte er sein politisches Glaubensbekenntnis:

»Für Einheit und Freiheit, für Republik und Demokratie«.

1918 schrieb er sich in Münster als Student der Rechts- und Staatswissenschaften ein. Später wurde Marburg seine wichtigste Station, auch wegen der ständigen Auseinandersetzungen mit reaktionären Kommilitonen und Professoren, die die Demokratie unerbittlich bekämpften. Mit seinen Freunden gründete Gustav Heinemann die »Marburger Stadtbrille«, eine satirische Zeitschrift, die politische Gegner mit beißendem Spott überzog. 1920 erlebte Heinemann in München einen Auftritt Hitlers, nach einem Zwischenruf wurde der Jurastudent jedoch von Ordnern gepackt und aus dem Saal geworfen.

1921 promovierte er in Volkswirtschaft mit einer Untersuchung über das Sparverhalten der Essener Krupp-Mitarbeiter. Acht Jahre später folgte sein zweiter Doktortitel als Jurist. Seine Referendarzeit absolvierte er in Marburg, Essen und Berlin. 1926 entschied er sich gegen eine Laufbahn im Staatsdienst und trat als Anwalt in die Essener Kanzlei des seinerzeit berühmten Strafverteidigers Niemeyer ein.

Marburg – da war doch noch was? 1922 bekam Gustav Heinemann eine Einladung zu einer Adventsfeier. Am Eingang des Saales erhielt jeder Student eine geschmückte Kerze mit dem Auftrag, bei den wartenden Studentinnen das passende Gegenstück zu suchen und dann den Abend mit dieser Partnerin zu verbringen. Die junge Dame mit der passenden Kerze hieß Hilda Ordemann und blieb nicht nur an diesem Abend, sondern fortan bis zum Tod an seiner Seite.

Blicken wir also auch noch darauf zurück, welche Eigenschaften und Besonderheiten in der Geschichte der Familie Ordemann so prägend gewesen sind, dass sie das gemeinsame Kind dieser beiden Menschen beeinflusst haben könnten, eben jene Uta, die an Hindenburgs 80. Geburtstag zur Welt kam.

Hilda Ordemann stammte väterlicherseits aus einer Bremer Kaufmannsfamilie, die es mit dem Getreide- und Salzhandel zu Wohlstand gebracht hatte. Die mütterlichen Vorfahren kamen aus der Schweiz, unter ihnen der Naturforscher, Dichter und Philosoph Albrecht von Haller. Ihr Großvater war in Bern Münsterpfarrer. Ursula Salentin schreibt in ihrer Biografie: »Der Lebenszuschnitt der deutsch-schweizerischen Familie Ordemann, die in Bremen in einer Jugendstilvilla wohnte, war betont schlicht. Gediegener Reichtum verbarg sich hinter Bescheidenheit und Zurückhaltung. Ideale der Kaiserzeit wie konservativ-liberale und nationale Gesinnung, ausgeprägte Ehr- und Pflichtvorstellungen, aber auch Bremer Tugenden wie Zurückhaltung, Zuverlässigkeit und nüchterner Sinn wurden hochgehalten. Letztbestimmend und mehr als alle weltlichen Maximen aber galt die streng protestantische Erziehung, die zum unveräußerlichen Besitz in Hildas Leben wurde.«

Trotz dieses gutbürgerlichen Elternhauses lernte Hilda Ordemann schon in ihrer Jugend Leid und Not kennen. Ihre ältere Schwester Gertrud arbeitete als »religiöse Sozialistin« in der Gefangenenfürsorge und konfrontierte die Familie oft mit ihren Erfahrungen. Hilda Ordemann entschied sich nach dem Abitur 1916, Lehrerin zu werden. Erst 1921 konnte sie jedoch ihr Studium aufnehmen, und zwar Germanistik und Geschichte in München. Ein Jahr später wechselte sie nach Marburg, um bei Rudolf Bultmann Theologie zu hören. Dann im Advent die Begegnung mit Gustav Heinemann, der in erster Linie wegen des leckeren Gebäcks zu der Feier gekommen war. Trotz seiner Konfirmation interessierte er sich für Religion nur wenig. Weltanschaulich neigte er dem Monismus zu, einer von dem Philosophen Ernst Haeckel geprägten Strömung, welche die Vorstellung eines persönlichen Gottes ablehnte und dem Materialismus nahe stand.

Hilda Ordemann ertrug es mit Gelassenheit, dass ihr Gustav ihrem tiefen, durch Bultmann geprägten evangelischen Glauben gleichgültig gegenüberstand. Die neue Richtung nannte sich dialektische Theologie und verlangte die Abkehr des Protestantismus von seiner Rolle als staatstragender Kirche, forderte vielmehr die Zuwendung zum Einzelnen in der Gesellschaft. Für Gustav Heinemann war die Kirche zu dieser Zeit ohne Bedeutung für sein Leben. 1926 erhielt er die Zulassung als Anwalt, Hilda legte die Referendarprüfung in Theologie, Deutsch und Geschichte ab. Als Gustav in diesem Jahr Vater Ordemann um die Hand seiner Tochter bat, nahm ihm dieser das Versprechen ab, dass er Hilda niemals am Kirchgang hindern werde. Knapp drei Jahre später erlebte die Familie mit, dass sich Gustav Heinemann in seinen Auffassungen zu Religion und Kirche grundlegend wandelte. Er wurde, wie wir heute wissen, eine herausragende Figur des deutschen Protestantismus im 20. Jahrhundert.

Kleine wilde Hummel

Die Geburt der acht Pfund schweren Uta bedeutete für Mutter Hilda Heinemann einen empfindlichen Einschnitt in ihre Lebensplanung. Während Gustav Heinemann in der Kanzlei von Justizrat Victor Niemeyer in Essen seine Karriere als Strafverteidiger und Wirtschaftsjurist ausbauen konnte und 1928 zusätzlich Justiziar der Rheinischen Stahlwerke Essen wurde, widmete sich seine Frau fortan ausschließlich der Kindererziehung und der Familie.

»Hilda Heinemann wurde von dieser Zeit an zu einer jener bürgerlichen Frauen, denen Ehe und Familie trotz abgeschlossener Berufsausbildung zum Lebensmittelpunkt wurden und die ihre in der Ausbildung erworbenen Kenntnisse und Befähigungen bei der Erziehung ihrer Kinder und in der Partnerschaft mit ihrem Mann – nicht aber in einem eigenen Beruf – weiterreichten«, schreibt ihre Biografin Ursula Salentin. »Dies besagte in vielen Fällen und besonders bei Hilda Heinemann nicht, dass diese Frauen unemanzipiert waren … In den 43 Jahren als Hausfrau hat sich Hilda Heinemann ausgefüllt und bestätigt gefühlt und ihre Eigenständigkeit stets bewahrt … Ihr Einfluss auf ihre vier Kinder und 13 Enkel und die auf gegenseitige Toleranz, Harmonie und Gerechtigkeit gegründete Ehe gaben ihr die Gewissheit, den richtigen Weg gewählt zu haben.«

Das Wissen dieser Frau, das für mehrere Gymnasialklassen gereicht hätte, wird also auf die vier Kinder konzentriert. Jedes Kind hat diese »Talente« für sich genutzt und in unterschiedlichen Lebensleistungen vermehrt. Die kleine Uta ist von Anfang an dringend auf die Zuwendung der Mutter angewiesen. Im ersten Lebensjahr ist sie gesundheitlich »nicht so auf der Höhe, ohne dass man sagen könnte, dir hätte etwas Besonderes gefehlt«, schreibt Mutter Hilda in einem Tagebuch, das sie bis zum 23. Lebensjahr ihrer Erstgeborenen führt. »Du warst sehr zart und hattest viel Plage mit Ausschlag auf dem Köpfchen, im Gesicht und an den Händen. Einmal mussten wir dich sogar mit vier Monaten in die Klinik bringen, und eine Drüse am Hals musste geschnitten werden. Da lag unser süßes Kind ganz verbunden im fremden Bettlein und war ganz blass und müde vom Schreien. Aber nach drei Tagen durften wir dich wieder holen. Als dann der schöne Sommer kam, konntest du immer im Garten liegen und auf dem Rasen herumwühlen … Du hast in deinem ersten Lebensjahr 1928 noch eine weite Reise gemacht, und zwar nach Marburg zu deiner Patentante Mutter Link ... Du warst dort der jüngste Pensionär in der Studentenpension und die Freude von allen. Morgens früh saßest du im Wäschekorb in der Küche. Am Schluss unseres schönen Aufenthalts bekamst du leider die Masern, die glücklicherweise leicht auftraten, aber es war sehr schwer, dich kleine wilde Hummel im Bett zu halten.«

Wann immer er konnte, spielte Gustav Heinemann mit der kleinen Uta. Viel Zeit allerdings blieb ihm dafür nicht. So schrieb er an seiner zweiten Doktorarbeit zum Thema »Verwaltungsrechte an fremden Vermögen«; 1929 wurde er zum Dr. jur. promoviert. Überdies hatte er seit 1928 einen zweiten Arbeitsplatz im Hause der Rheinischen Stahlwerke, die ihn als Justiziar und Prokurist eingestellt hatten. Der bedeutende Montankonzern hatte sich sogar auf die Bedingung eingelassen, dass Heinemann weiter als Anwalt arbeiten durfte.

Heinemann war ein »Arbeitstier«. Davon zeugt auch sein 1929 erschienenes erstes juristisches Handbuch »Das Kassenarztrecht«, das die Jahrzehnte überdauerte und als Standardwerk mehrfach neu aufgelegt wurde. An einem Arbeitstag die Verteidigung in einem Strafprozess vorbereiten, an der Doktorarbeit schreiben, ein Kapitel des Kassenarztrechts vollenden und dann noch Kauf- und Grundstücksverträge für Rheinstahl aufsetzen und abschließen – das war Vater Heinemann. Jahrzehnte später ein Arbeitstag der Tochter: Vorlesung über Alte Kirchengeschichte, anschließend zwei Stunden Recherche in aramäischen, lateinischen und griechischen Textdokumenten, Radiointerview live im Studio zum Thema Mischehen und Ehe ohne Trauschein, zu Hause Schreiben einer Rede für eine Friedenskundgebung in Münster »Es sind Menschen, die brennen – gegen den Krieg in Vietnam«, Gespräch mit einem Vertreter des vietnamesischen Roten Kreuzes zur Vorbereitung einer Reise nach Hanoi, abends in Bonn als Begleitung ihres Vaters, des Bundespräsidenten, Teilnahme an einem Empfang für ausländische Gäste.

Zurück zu der »kleinen wilden Hummel«. Sie blieb nicht lange ein Einzelkind, denn 1929 wurde Schwester Christa geboren, danach Barbara und Peter. Hilda Heinemann notiert u.a., dass die kleine Uta bereits als Zweijährige ihren Dickkopf durchzusetzen versucht und schnell das Sprechen erlernt. »Du bist ein ganz selbständiges Persönchen, gehst allein in den Keller und holst dir Äpfel.« Anfang Juli 1930 folgender Eintrag: »Heute hast du den großen Zeppelin gesehen. Du riefst ganz laut: Sieh mal, Mama, der große Fisch!« November 1930: »Du bist schon ein richtig großes Mädchen, sprichst so vernünftig, nur gehorchen kannst du nicht ... Du hast überhaupt einen starken Selbständigkeitsdrang ... Du kennst schon sehr viele Vögel, wie du überhaupt alles schnell auffasst.«

Hilda Heinemann verschweigt nicht, dass ihr das Verhalten ihrer ältesten Tochter oft Kopfzerbrechen bereitet. »Du hast ... stets Gegenerwägungen«, schreibt sie Ende 1930 über Uta, »so dass ich oft recht böse mit dir sein muss, und ohne Schläge geht es leider nicht ab. Wenn du dann deine Tour überwunden hast – oft dauert es geraume Zeit –, dann bist du das liebste Kind.« Erstaunlich, wie früh sich spätere Verhaltensweisen bereits ankündigen. Die Schläge, die es ab und zu also gab, blieben im Übrigen ohne Wirkung auf das Kind. »Ich weiß, ich habe mich immer durchgesetzt, auch wenn dies meinen Eltern nicht passte«, erinnert sich URH.

Zu Weihnachten 1930 erkrankt Uta schwer an einer Grippe mit einer Hirnhautreizung. Hilda Heinemann und beide Großmütter kümmern sich liebevoll um die kleine Patientin. Vater Gustav erfährt nichts von ihren Ängsten – er hält sich zum Skilaufen im Schwarzwald auf. Hilda Heinemann berichtet dann ausführlich über die ersten Spielsachen: Kaufladen mit 24 Schubfächern, eine Mama-Puppe, »ein richtiges Telephon, wie die großen Leute eins haben«. Sie schreibt Urlaubserinnerungen nieder und vermerkt im Januar 1932: »Die größte Freude hast du unermüdliches Fragezeichen an den biblischen Geschichten, die ich euch in einfachster Form an Hand der Bilderbibel erzähle. Heute fragtest du: Kann der Heiland auch bei uns aus Wasser Wein machen?« Kurz danach besteht die Vierjährige darauf, dass die Mutter ihr alle biblischen Geschichten erzählen soll. »Da ich dir aber sagte, du verstehst die noch nicht alle, sagtest du: Ich verstehe alles. Du bist überhaupt ein kleiner Schlaukopf. Namen wie Nikodemus oder barmherziger Samariter etc. machen dir keine Schwierigkeiten, und deine logischen Schlüsse setzen oft sogar deinen Vater in Erstaunen.«

Gustav wird gläubig

Kurz zuvor hatte Hilda Heinemann im Tagebuch für ihre Tochter Uta mit Datum von 1. Januar 1932 erwähnt, dass sie mit ihrem Mann und »mit Pastor Graeber« zu Neujahr ins Sauerland gefahren war. Pastor Graeber – »Es war das größte Unglück für meinen Vater, dass er diesen Mann kennen gelernt hat, denn durch ihn wurde mein so kluger und intelligenter Vater überraschend gläubig«, sagt URH 70 Jahre später.

In den Biografien über Gustav Heinemann wird übereinstimmend vermerkt, dass er auch nach seiner Heirat mit Hilda Ordemann kein großes Interesse für christliche Theologie zeigte. Erst nach Jahren entschloss er sich, seine Frau zu einem Gottesdienst zu begleiten. Sein Sinneswandel vollzog sich nach einer Begegnung mit dem Pfarrer der Altstadtgemeinde, Friedrich Wilhelm Graeber. Der hatte u. a. Kommunisten und Sozialisten zu Diskussionsveranstaltungen eingeladen und für mittellose Arbeitslose und ihre Familien eine Art »Landkommune« gegründet. Dort konnten sie ausrangierte Eisenbahnwaggons als Ställe nutzen, um für den Eigenbedarf Vieh zu halten. Pastor Graeber packte kräftig mit an, half bei der Futtersuche und beim Schlachten und war sich für keine noch so schmutzige Arbeit zu schade. Heinemann bewunderte dies Verhalten sehr, gewann ihn als Freund und entschied für sich, fortan ebenfalls als aktiver Christ zu leben.

Graeber wurde für ihn der Wegbereiter zum Verständnis des Evangeliums. Er versorgte den Juristen mit theologischer Literatur und überzeugte ihn, als Presbyter aktiv die Gemeindearbeit mitzugestalten. Die Wahl neuer Kirchenvorstände war 1933 von Hitler angeordnet worden, um die von den Nationalsozialisten ausgerufene »Deutsche Evangelische Kirche« mit ihren »Deutschen Christen« zu stärken und den deutschen Protestantismus mit dem Nationalsozialismus gleichzuschalten. Presbyter Gustav Heinemann protestierte dagegen im November 1933 in einem persönlichen Brief an Hitler. Im Dezember gliederten die Nazis die evangelische Jugend in die Hitlerjugend ein. Heinemann empfahl seiner Gemeinde, die Jugendarbeit unter dem Titel »Stadtmission« juristisch neu zu ordnen und so der Gleichschaltung zu entgehen. Im Februar 1934 nahm Pastor Graeber, der von der Kirchenleitung seines Amtes enthoben worden war, Heinemann nach Wuppertal-Barmen mit zur 1. Rheinischen Bekenntnissynode. Die neue Bekennende Kirche als Gegenstück zu den Deutschen Christen wählte Heinemann als ihren juristischen Vertreter in den »Bruderrat«.

Im Hause Heinemann drehte sich von nun an alles um die »Bekennende Kirche«.

Graeber und Heinemann mieteten in weiser Voraussicht einen großen Saal im Essener »Haus der Technik«, um dort Gottesdienste abhalten zu können. Im März 1934 wurde das Presbyterium aufgelöst, Pastor Graeber durfte nicht mehr als Pfarrer amtieren. Am nächsten Morgen, einem Sonntag, war die Pauluskirche mit gut 2000 Besuchern voll wie selten zuvor. Als sie erfuhren, dass ein anderer Pfarrer den Gottesdienst halten würde, verließen alle ohne Ausnahme die Kirche und gingen zum »Haus der Technik«, wo dann Pastor Graeber mit ihnen einen Gottesdienst mit Abendmahl feierte. Im Mai 1935 hob die von den »Deutschen Christen« geleitete Kirchenbehörde Graebers Amtsenthebung auf, nachdem schon ein halbes Jahr zuvor das Presbyterium seine Rechte zurückerhalten hatte.

Heinemann hatte durch sein Bekenntnis zum christlichen Glauben und seine Aktivitäten für die Bekennende Kirche zunächst keine beruflichen Nachteile. Die Kanzlei, in der er neben seiner Tätigkeit als Justiziar der Rheinischen Stahlwerke immer noch arbeitete, übernahm zahlreiche Prozesse evangelischer Gemeinden gegen die von den Deutschen Christen beherrschte Kirchenleitung und verteidigte politisch Verfolgte. In den Biografien wird besonders hervorgehoben, dass Heinemann sehr geschickt argumentieren konnte, wenn er die Verletzung rechtsstaatlicher Grundsätze anprangerte. Diesen Vorwurf wollten sich die Nazis zur damaligen Zeit nicht machen lassen. »Deutschland ist ein Rechtsstaat. Es kommt infolgedessen nicht maßgebend darauf an, ob jemand Machtstellungen ausübt, sondern ob er rechtmäßig handelt«, heißt es in einem Brief an das Amtsgericht Essen vom Dezember 1934.

In der Bekennenden Kirche und im »Kirchenkampf« gegen die Deutschen Christen nahm Gustav Heinemann eine herausragende Stellung ein. U.a. gehörte er dem Rechts- und Verfassungsausschuss der Rheinischen Kirche an. 1936 bot ihm der Vorstandsvorsitzende des mächtigen Rheinisch-Westfälischen Kohlensyndikats einen Vorstandsposten an. Heinemann wollte jedoch auf keinen Fall seine Arbeit für die Bekennende Kirche aufgeben und erhielt deshalb schließlich eine Absage. Der Vorstand der Rheinischen Stahlwerke schätzte ihn aber so sehr, dass er ihn einige Monate später zum Bergwerksdirektor und stellvertretenden Vorstandsmitglied ernannte. Zu einem günstigen Mietpreis bekam er ein geräumiges Haus in der Schinkelstraße, in dem er bis zu seinem Tod wohnen blieb.

Lieber sofort in den Himmel

Von den außerhäuslichen Aktivitäten ihres Vaters hat die kleine Uta nicht viel zu spüren bekommen. Hilda Heinemann vermerkt im Tagebuch immer wieder erfreut, wie gut sich ihre Älteste entwickelt und wie intelligent und kritisch sie ihre Umgebung und alles Neue wahrnimmt. »Abends wollte das Grübelköpfchen oft keine Ruhe geben.« So will Uta am liebsten sofort sterben, um in den Himmel zu kommen. Kurz danach zweifelt sie jedoch an den Erzählungen ihrer Mutter und argumentiert, das mit dem Himmel könne doch nicht stimmen, denn tote Menschen kämen ins Grab; auf den Grabsteinen stünden doch ihre Namen. »Es ist oft schon sehr schwer, auf deine Fragen zu antworten«, schreibt die Mutter. »Ich habe jetzt schon die ganze neutestamentliche Bibel vorgelesen, auch schon Teile vom alten Testament. Immer wieder willst du die Geschichte von der Sünderin hören, dann überdenkst du alles und fragst: versteh ich alles? Eine köstliche Verwechslung brachtest du zustande, indem du nach der Geschichte von der ›Hochzeit zu Karneval‹ fragtest. Wenn du nur nicht solch ein kleines nachdenkliches Grübelköpfchen wärst, dann könnte man dir viel öfter etwas vorlesen. Aber abends schläfst du nicht ein und sagst: Ich muss von selbst so viel denken. Kleines liebes Köpfchen du, der liebe Gott erhalte dich gesund.«

Mit sechs Jahren kennt Uta mehrere Kinderbücher auswendig. Sie singt mit Begeisterung das Horst-Wessel-Lied »Die Fahne hoch« und grüßt jeden SA-Mann mit »Heil Hitler«. »Weil du mit deiner Begeisterung bei uns keinen Widerhall findest, fragst du mich jetzt: warum hast du Hitler nicht lieb? Du sollst doch alle Menschen lieb haben, und die SA-Leute haben dir doch nichts getan! Oh du süßes Kind.«

Und mit sechs Jahren beginnt Uta zu rechnen. Niemand hat ihr dies beigebracht. Als die Mutter sie fragt, wo sie das gelernt habe, antwortet sie: »Das zähle ich mir abends im Bett aus.« Uta entwickelt laut Tagebuch ein starkes Verlangen, immer im Mittelpunkt zu stehen, so dass die Mutter dagegen anzugehen versucht. Diese Jahre der Kindheit sind von Wärme, Sonne, Freude, Spiel, Urlaub, Eisessen, Kostümfesten und Familienglück geprägt. Immer wieder notiert die Mutter, dass Uta ständig nach neuem Wissen strebt. »Wo fängt die große Mauer an, die um die Erde geht? Ist das nicht langweilig, wenn du schon sieben Jahre verheiratet bist? Du willst allen Dingen immer auf den Grund gehen.«

17. April 1934, erster Schultag. »Du kannst es nicht abwarten, bis du schreiben lernst. Das Rechnen, auch mit größeren Zahlen, erledigst du spielend. Sofort nach den Schularbeiten gehst du unbeschwert und fröhlich ans Spielen.« Ferien bei der Großmutter im sauerländischen Winterberg: »Eine große Seligkeit von dir war das intensive Betrachten der Kühe auf der Nachbarwiese, stundenlang konntest du ihnen zusehen.« Pilzesuchen im Wald: »Es war köstlich, mit welcher Sicherheit du die echten von den unechten zu unterscheiden vermochtest und wie du uns die Unterschiede klar machtest.« Weihnachten 1935: »Rechnen und Lesen bewältigst du spielend. Als Vati fragte, wie viel ist 11 mal 15, sagtest du ohne Überlegung 165. Mir hast du versichert, du wolltest viel lernen.« August 1936: »Du zeigtest uns ein kleines Büchlein, in das du selbst gemachte Gedichte hineingeschrieben hast.« Vier Gedichte hat Hilda Heinemann der Nachwelt überliefert, daraus einige Beispiele:

Liebe Sonne scheine,
denn ich will wandern gehen,
weit in die Ferne, weit von hier,
den Stab in der Hand,
den Hut auf dem Kopf,
so zieh ich ins andere Land.
Auch ruh ich im Wald
auf grünem Moos
und schlafe dann bald.
Wach ich dann auf, so geht die Wanderung wieder los.

*

Habt ihr es schon vernommen?
Der Frühling, der will kommen.
Weg ist der Regen,
das ist ein Segen.

*

Die Blümlein wachsen und gedeihn
im schönen Sonnenschein.
Alles steht da in seiner Pracht.
Der liebe Gott hat es gemacht.

Im Oktober 1936 zieht die Familie Heinemann in das vollständig renovierte Haus an der Schinkelstraße. Dazu gehört ein sonniger Garten. Ein Zimmer unterm Dach ist als Puppenspielzimmer eingerichtet. Uta, Christa, Barbara und Peter finden in diesem großbürgerlichen Haus Geborgenheit, Liebe, Betreuung bei den üblichen Kinderkrankheiten, Schutz vor den Bomben und vor allem viele gleichaltrige und erwachsene Gesprächspartner, denn die Heinemanns ziehen sich nicht in ihr trautes Heim zurück, sondern pflegen die Kontakte zur Familie, zu Kollegen und Freunden und insbesondere auch zu Gleichgesinnten aus dem Bereich der Bekennenden Kirche. Diese vielseitige und anregende Geselligkeit wirkt sich positiv auf die kleine Uta aus. Sie bemüht sich, alles zu verstehen, fragt nach, liest viel, lernt ohne jede Mühe und entwickelt ein Gedächtnis, das die Erwachsenen immer wieder staunen lässt. »Es ist doch besser für deine gesamte Entwicklung, wenn du dir ein wenig Zeit lassen kannst, gerade weil du solch ein Denk-Kind bist,« schreibt Hilda Heinemann 1937 mit einer deutlich spürbaren Erleichterung. Uta sollte nach dem Wunsch der Eltern eine Klasse überspringen, die Lehrerin jedoch hatte davon abgeraten.

Die Heinemanns tun alles, um die Kindheit ihres Nachwuchses glücklich zu gestalten. Immer wieder finden Feiern und Spiele im Garten statt, von fröhlichen Urlaubstagen an der Nordsee oder bei den Großeltern im Sauerland ist die Rede, von langen Gesprächen vor dem Einschlafen und von stimmungsvollen Abenden in der Advent- und Weihnachtszeit, wenn Uta und Christa bei der Mutter im »kleinen Zimmer« sitzen durften, um Handarbeiten zu machen. Adventsfeier bei Tante Mally: »Chor, Geige, Flöte und Klavier – es waren ungefähr 50 Personen anwesend. Nur Kerzen brannten, und Tannengrün und Kugeln schmückten die Wände.« Heiligabend im Esszimmer: »Vati las die Weihnachtsgeschichte vor, dann sangen wir.«

Im Januar 1938 wird Uta zum Gymnasium angemeldet. »Du hast ein sehr gutes Zeugnis, nur sehr gut und gut.« Dieser Eintrag wiederholt sich in den folgenden Jahren vielmals. »Deine schnelle Auffassungsgabe erleichtert dir manches. Du entwickelst dich zu einem lieben, freundlichen Mädchen und bist gut zu leiten. Mit großer Freude gehst du in die Stadtmission zu Vikarin Kaufmann … Du gehst so stark mit bei allen religiösen Fragen, dass du hier, wenn man so sagen kann, der Familientradition mütterlicherseits folgst.« Immer wieder führt die Mutter Beispiele an, etwa wie Uta ihrer kleineren

Schwester den Unterschied zwischen Gott und Götzen erklärt oder dass Uta manchmal so inständig betet und dabei plötzlich Gott gesehen haben will, »wie er Mose auf dem Sinai mit ausgestrecktem Arm die Gesetzestafeln gibt«.

Auf dem Gymnasium wundert sich Uta, »dass viele Kinder so schlafmützig sind«.

Nach zwei Wochen kann sie hundert englische Wörter. »Du hast einen richtigen Heißhunger fürs Lernen, dabei ist das weit entfernt von Strebertum, es ist einfach Freude an der Sache. Eine große Freude ist auch der neue Atlas, in den du dich mit Eifer vertiefst. Nebenher wird der Lederstrumpf verschlungen.« Nach einem halben Jahr schreibt Uta jede Arbeit mit der Note 1. Vater Heinemann zahlt jedes Mal einen Groschen für die Sparbüchse und versucht ihren Ehrgeiz zu bremsen, indem er nun für jede 4 vier Groschen aussetzt. »Wir möchten dich bei deiner Begabung vor jedem Strebertum und Ehrgeiz bewahren. Dein Klassenlehrer sagte mir, du ständest weit über jedem Durchschnitt. Wie schön, liebe kleine Uta, dass dir das Lernen solche Freude macht und es dir so leicht fällt.«

Im November 1938 erwähnt Hilda Heinemann die drohende Kriegsgefahr und die Judenverfolgung, die »viel Kummer und Herzeleid gebracht« hat. Die kluge Frau ahnt offenbar bereits, dass noch schlimme Zeiten folgen werden, denn sie trägt in das Tagebuch ein: »Aber noch dürft ihr Kinder euer frohes Kinderleben leben und das uns Bedrängende liegt für euch noch fern, gottlob, dass es so ist und sein darf.«

Mit ihrem scharfen Verstand stellt Uta sogar eine Gefahr für die Familie dar. So legt sich die Elfjährige mit ihrem Religionslehrer an, als dieser sagt, die Juden hätten die zehn Gebote nicht gehalten und darum treffe sie jetzt die Strafe. Uta ist der Ansicht, der Lehrer hätte besser schweigen sollen, als das Unrecht an den Juden gutzuheißen. Bei einem anderen Anlass argumentiert sie, Gott habe alle Menschen lieb, auch die Bösen. Folglich müsse Gott ja wohl auch Hitler lieb haben. Glücklicherweise war unter den Zuhörern niemand, der wissen wollte, wie man denn im Hause Heinemann über den »Führer« rede …

Im August 1939 verleben die Heinemanns »strahlende Sommerwochen« in Fischerhude bei Bremen. »Als am 1. September der Krieg ausbrach, musste Vati schnell nach Hause fahren. Wir anderen blieben noch, um die weitere Entwicklung im Schutz des günstig gelegenen Dorfes abzuwarten. Ihr Großen habt den schweren Ernst dieser Stunde wohl empfunden, als euer Vati jeden Einzelnen von euch stumm ans Herz drückte, ehe er fortging in die ungewisse Zukunft.«

Druckerei im BDM-Zimmer

Kurz nach Kriegsbeginn findet sich in Hilda Heinemanns Tagebuch der folgende Eintrag: »Zu eurer Freude habe ich im großen Keller jetzt einige Gruppen von B.D.M. aufgenommen an zwei Nachmittagen der Woche, weil ihr jetzt keine andere Unterkunft mehr hattet.« BDM war der Bund Deutscher Mädel. Gustav und Hilda Heinemann hatten aus besonderem Grund schon drei Jahre vorher in ihrem Keller eine BDM-Stube eingerichtet, allerdings zunächst nur für die eigenen Kinder und Mädchen aus der Nachbarschaft. Sie wurden von BDM-Führerinnen betreut, machten viele Spiele, sangen Lieder und trieben Sport.

Was die Kinder nicht wussten: Der BDM-Raum, der auch durch ein entsprechendes Schild gekennzeichnet war, diente mehr als zwei Jahre als Büro der Bekennenden Kirche. In einem verschließbaren Schrank stand ein Vervielfältigungsgerät, auf dem die »Grünen Briefe« abgezogen wurden. Sie waren das Mitteilungsorgan der Bekennenden Kirche des Rheinlands und wurden von Pfarrer Heinrich Held herausgegeben, der später Präses der Rheinischen Landeskirche wurde. Vikar Wolfgang Disselhoff und einige ehrenamtliche Helfer aus der Gemeinde übernahmen die Herstellung und den Versand. Gustav Heinemann erinnerte sich: »Der Apparat stand in einem Schrank, den ich verschlossen hielt. Wenn er gebraucht werden sollte, gab Disselhoff tagsüber eine Vorwarnung. Ein Anruf mit der Frage ›Kann ich heute bei euch ein bisschen Klavier spielen?‹ oder ›Wie wäre es, wenn ich heute die Rosen schneiden würde?‹ war das Signal, dass der Keller gebraucht werden würde. Wir sorgten dann dafür, dass abends keine unnützen Besucher im Hause waren.«

Die Gestapo kam den Autoren der Grünen Briefe nicht auf die Spur, obwohl ein Verdacht gegen Pfarrer Held und Vikar Disselhoff bestand. Gustav Heinemann, dessen Mitarbeit in der Bekennenden Kirche kein Geheimnis war, verhielt sich äußerst klug und umsichtig. So schickte er politische Flugblätter und anonyme Briefe, die er in seinem Briefkasten fand, postwendend der Gestapo zu – die Papiere hätten ja Provokationen sein können. Uta Ranke-Heinemann erinnert sich, dass sie von dem heimlichen Treiben im familieneigenen BDM-Raum nichts mitbekommen hat. Eines Tages jedoch erzählte ihr eine Mitschülerin, ihre Eltern wunderten sich, dass oft abends noch ein Lichtschein durch die

Verdunkelung des BDM-Zimmers zu sehen sei. Gustav Heinemann erzählte etwas von einem Wackelkontakt im Lichtschalter und ließ unverzüglich das Vervielfältigungsgerät entfernen.

Zur gleichen Zeit ging Gustav Heinemann auf Distanz zum Bruderrat, weil die Bekennende Kirche gegen seine Empfehlung bereit war, einen Treue-Eid auf Hitler zu leisten. Heinemann zog sich zwar aus der Bekennenden Kirche zurück, blieb aber bis 1945 Presbyter und Vorstandsmitglied in der Kreissynode. Außerdem übernahm er den Vorsitz im CVJM, dem Christlichen Verein junger Männer. Dank seines Ansehens und seiner juristischen Kenntnisse sicherte er dem CVJM die Fortsetzung seiner Jugendarbeit, die in anderen Städten längst verboten war.

Uta Ranke-Heinemann erinnert sich an diese Zeit vor allem wegen der vielen lustigen Spiele, die ihr Vater mit seinen Kindern im Haus veranstaltete, wenn er dazu Zeit fand. Gustav Heinemann, der auch später als Politiker und Bundespräsident oft so ernst wirkte, war in Wirklichkeit ein fröhlicher Mensch mit viel Humor. Als Uta und Christa ihm zum Beispiel eines Tages ihr Leid klagten, sie wüssten nicht, womit sie mit ihrem Vater in der Schule angeben könnten, empfahl er ihnen: »Sagt doch einfach, euer Vater hat auf seinem Haus eine Hypothek.« Im Nu, so berichtet URH, stieg das Ansehen der Familie in der Schule mächtig.

»Kriegsweihnacht 1939«, schreibt Hilda Heinemann, »durften wir mit Omi ungestört und froh verleben. Glücklicherweise könnt ihr Kinder immer noch dankbar sagen: Wir merken nichts vom Krieg … In der Schule wird dir alles sehr leicht, vielleicht wird dir deswegen das Zusammenleben mit den Schülerinnen nicht so leicht, oft mögen sie denken, du seiest ein Streber, was aber nicht zutrifft, da du kaum Zeit für Schularbeiten verwendest. Der tiefere Grund mag in deinem kritischen Einzelgängertum liegen, du bist schon ein bewusstes kleines Einzelpersönchen.«

Im Mai 1940 erleben die Kinder im Luftschutzkeller die erste Bombennacht. Die vier Kinder werden daraufhin zu den Großeltern nach Winterberg gebracht und dort auch in der Schule angemeldet. Im Oktober kehren sie nach Essen zurück und machen von nun an zahlreiche Bombennächte im »Bügelkeller« mit, in dem vier Betten aufgestellt werden, damit die Kinder auch nach der Entwarnung bis zum Morgen weiterschlafen können.

1941 beginnt traurig mit dem Tod von Hilda Heinemanns Mutter. Sie hinterlässt u.a. auch einen Brief an das »liebe Utakind«: »Bleib nur immer recht bescheiden, das ist das Beste. Aber freuen tut's mich innig, dass ich eine so kluge Enkelin habe.« Im Frühjahr wird Uta von ihrer Mutter »aufgeklärt«. Nach den Sommerferien beginnt der Konfirmandenunterricht bei Pastor Graeber. »Ein sehr liberaler Schulunterricht macht dir Mühe, weil Rationalismus gegen Glaubensaussage steht, da ist es gut, dass du mit deinen Fragen gleich zu Pastor Graeber gehen kannst, der euch auf das hinweist, was im Text steht.«

Im Februar 1942 wird Utas Lateinlehrer zur Wehrmacht eingezogen. Mutter Hilda unterrichtet jetzt ihre Tochter selber und staunt immer wieder, wie schnell sie alles begreift. Aber: »Mit Christa bist du oft in Disharmonie. Du hast dann leider leicht eine unfreundliche, schnippische Art, gegen die du sehr angehen musst. Du leidest oft selbst darunter und gibst dir Mühe, dagegen anzugehen.«

Im März verbringt die Familie bis fünf Uhr früh eine Schreckensnacht im Keller. Essen versinkt im Bombenhagel. Zwei Luftminen schlagen in der Nachbarschaft ein und richten erhebliche Schäden am Haus der Heinemanns an. Trotzdem feiern alle eine Woche später die Konfirmation von Uta und Christa mit vielen Blumen und reichlich Geschenken: »Die Hauptsache waren die beiden goldenen Armbanduhren von uns Eltern. Dann lederne Wecker, lederne Schmuckkästen, sehr viel Kunst- und andere sehr gute Bücher, Ringe, Ketten – ihr wart sehr glücklich. In euren neuen blauen Samtkleidern saht ihr beide reizend aus.«

Freude am Lernen

Im Herbstzeugnis bekommt Uta in einem Fach eine störende 2 und in den übrigen acht Fächern eine 1. »Es ist bei dir kein Ehrgeiz, sondern Freude an der Sache. Dein Arbeiten hat oft schon den Charakter der Studien. Aus Interesse besuchst du in der Schule auch den Religionsunterricht der katholischen Abteilung und lässt dich von dem Kaplan mit guter Literatur versehen.« Die Attraktivität des katholischen Glaubens ist zu jener Zeit freilich noch nicht sonderlich stark. »Ich habe damals einfach alles, was mich interessierte, in mich aufgenommen und gespeichert«, sagt URH heute. »Ich wollte wissen, wissen, wissen.«

Anfang 1943 flieht die Familie vor dem Bombenhagel ins benachbarte Langenberg, wo Gustav Heinemann eine kleine Wohnung angemietet hatte. Im Sommer wird das Haus in der Schinkelstraße zum zweiten Mal getroffen und schwer beschädigt. Uta fährt jeden Tag nach Essen zur Schule und bleibt mittags in der Familie einer Schulfreundin. Überall sieht man Uta mit Büchern, selbst im Strandurlaub auf Rügen. Den Eltern wird der Leseeifer allmählich unheimlich. »Selten nur gibst du dich dem süßen Nichtstun hin, die Leidenschaft für die Bücher überwiegt bei weitem eine starke Freude an der Schönheit der Natur«, notiert die Mutter. »Herrliche Küstenwege waren ... dir eher ein Verlust, dass du in der Zeit nicht lesen konntest.« Immer wieder muss Gustav Heinemann seine Tochter dazu anhalten, die Bücher zuzuklappen und die Schönheiten der Natur zu bewundern.

Uta leidet sehr darunter, dass sie in der engen Langenberger Wohnung nur einen kleinen Tisch und einen Kinderstuhl als Arbeitsplatz hat. Sie teilt sich diese Ecke mit Tüchern ab, dekoriert sie mit Bildern aus einer Kunstmappe und hängt ein Schild »Carpe diem« auf – nutze den Tag! Hilda Heinemann als sensible und kluge Beobachterin registriert, dass ihre älteste Tochter inzwischen zwar »dem Kinderland entglitten« ist, doch liege »das gefühlsmäßige Erahnen der Lebensfülle noch ganz außerhalb des Bereichs deiner Lebenswirklichkeit«. So findet Uta ein Gedicht von Rilke – Ich war ein Kind und träumte viel und hatte doch nicht Mai – besonders schön. »Den gefühlsmäßigen Seinsinhalt dieses Gedichtes hattest du jedoch gar nicht begriffen.«

Im Sommer 1943 gelingt es Hilda Heinemann, »durch Gottes Freundlichkeit« ein heiles, freigewordenes Haus in Langenberg anzumieten. Jedes Kind bekommt ein eigenes Zimmer. Uta beginnt jetzt bei ihrem Lateinlehrer mit Privatunterricht in Griechisch. Dabei lernt sie gleichzeitig die Geschichte des Altertums und ist damit ihren Mitschülerinnen und Mitschülern weit voraus. Uta gerät dadurch zunehmend in die Rolle einer Streberin. »Aus Neid, so nehme ich an, wird dir so manches Hässliche angehängt«, trägt ihre Mutter in das Tagebuch ein. »Aber du lässt dich nicht niederdrücken durch viel Unfreundlichkeit, die dir begegnet.« Allerdings bekommt Uta auch Liebesbriefe. Auf einen antwortet sie kurz und bündig: »Ich will lernen, nicht heiraten.« Pastor Graeber möchte ihren offensichtlichen Eifer bremsen und empfiehlt:

»Wachse langsam!«

Im Juli 1944 ändert sich im Tagebuch plötzlich die Schrift. Gustav Heinemann schreibt seiner Tochter, wie sein Vater in Eschwege gestorben ist und beerdigt wurde. Im November wird der Schulbetrieb in Essen eingestellt. Im Dezember 1944 erklärt sich Professor Rudolf Bultmann – bei ihm hat Hilda Ordemann ihre Staatsarbeit geschrieben – bereit, Uta nach Marburg zu holen und ihr Griechisch-Stunden zu geben. Dort kann sie auch weiter zur Schule gehen. Anfang 1945 brechen alle Telefonverbindungen ab. Umso größer ist die Überraschung, als Uta am Mittwoch vor Ostern mit einem Fahrrad in Winterberg auftaucht. Sie bringt sogar gehamstertes Mehl mit. Kurz danach marschieren die Amerikaner ein. »Unsere Freiheit ist endgültig verloren, unser geliebtes Vaterland ist zerrissen und liegt ohnmächtig am Boden«, vermerkt Hilda Heinemann. Zweimal droht ihr und ihren Töchtern Vergewaltigung durch betrunkene amerikanische Soldaten. Glücklicherweise spricht Mutter Heinemann fließend Englisch: »Ich sagte mit ruhiger Stimme: Think of your own mother and let me alone with my children. Darauf zogen sie sich sofort zurück.« Erst im August kann die Familie nach Essen zurückkehren.

Gustav Heinemann hatte inzwischen dafür gesorgt, dass das zerbombte Haus wieder einigermaßen bewohnbar gemacht wurde. Die Briten als Besatzungsmacht hatten bereits unmittelbar nach dem Einmarsch erfahren, dass sich Heinemann in der Nazizeit mutig für die Bekennende Kirche und als Anwalt ebenso mutig für Verfolgte eingesetzt hatte. So wird er bereits am 20. Mai 1945 zum Ordentlichen Vorstandsmitglied der Rheinischen Stahlwerke ernannt. Danach berufen ihn die Briten in eine Kommission zur Entnazifizierung der gehobenen Angestellten des Ruhrbergbaus und in den »Beratenden Stadtrat« als Vorstufe eines kommunalen Parlaments nach britischem Vorbild. Parallel dazu beteiligt er sich an der Gründung der CDU und arbeitet in den Gremien der Evangelischen Kirche des Rheinlands mit.

Im November 1945 – ihr Vater war inzwischen zum Bürgermeister von Essen ernannt – erwirkt Uta Heinemann höchst persönlich in Düsseldorf, dass sie mit dem Wiederbeginn des Unterrichts zum Essener Burggymnasium gehen darf. An dieser Jungenschule ist sie das einzige Mädchen – eine bemerkenswerte Parallele zu ihrer Mutter, die 25 Jahre vorher in Bremen ebenfalls durchgesetzt hatte, dass sie in einer reinen Jungen-Klasse unterrichtet werden durfte.

Mutter Hilda registriert nicht nur, dass Utas Leistungen sich auch in der neuen Umgebung im oberen Drittel halten und dass sie zusätzlich noch »private Studien in Geschichte, griechischer Philosophie und Romanliteratur« treibt; sie beobachtet auch, dass sich zwischen ihrer Tochter und »der Kriegswaise Edmund Ranke, der schon Anfang 20 ist und dich durch sein Können verblüfft«, eine zarte Liebe anbahnt. Weitere Einzelheiten dazu hat URH 1999 auf einer Jubiläumsfeier des Burggymnasiums verraten. Beim Studium der Romanliteratur findet sie schon nach kurzer Zeit ihren Lieblingsschriftsteller: Dostojewski. Schon in Marburg in ihrem kleinen Zimmer bei Professor Bultmann hatte sie seine Romane mit Begeisterung jede Nacht bis zum frühen Morgen unter der Bettdecke gelesen – wegen der Verdunkelung. »Manche Lehrer, die in den ersten Stunden unterrichteten, kannten mich gar nicht, weil ich dann müde war und nie vor neun Uhr in der Schule erschienen bin.«

Dostojewski – Hilda Heinemann entdeckt mit Erstaunen Wesensverwandtschaften zwischen dem Schriftsteller und ihrer jungen Tochter. Im November 1945 trägt sie in ihr Tagebuch Beobachtungen und Gedanken ein, die ihre Gültigkeit auch im späteren Leben der Uta Ranke-Heinemann behalten. Es ängstigt geradezu die Mutter, dass Uta so rastlos lernbegierig ist und die schönen Dinge des Lebens ignoriert. Sechs Jahrzehnte später wird sie eingestehen, in ihrem ganzen Leben nicht eine einzige Stunde mit Nichtstun verbracht zu haben. »Seit meinem Besuch in Vietnam, wo ich die Schrecken des Krieges gesehen habe, konnte ich auch nachts keine Ruhe mehr finden. Die Gedanken des Tages haben mich verfolgt, bis ich dann doch für kurze Zeit eingeschlafen bin.« Bereits 1945 gibt die Mutter ihrer Sorge über diese Entwicklung Ausdruck, als sie Utas Liebe zu Dostojewski problematisiert: »Dostojewski hat dich ganz in seinen Bann geschlagen. Ein anscheinend unbedeutender Zug ist dabei von Bedeutung: Dostojewski kennt überhaupt keine Beziehung zur Natur, und dies ist ein Mangel auch deiner Einstellung; du kannst nicht vor blühenden Wiesen mit Entzücken stehen bleiben, weil du immer irgendwie in Gedanken bist; um es klassisch auszudrücken: du bist nicht ›naiv‹, sondern ›sentimental‹. Doch neben der stark intellektuellen Einstellung ist verborgen in dir ein leidenschaftliches Gefühl, das scheu sich versteckt und nur gelegentlich hervorbricht. Du hast ein starkes Wissen um das Leid in der Welt. Als wir Sylvester jeder irgendetwas vorlasen, was uns besonders von Herzen kam, last du ein trauriges Gedicht von Turgenjew.« Es ist wahr: Hilda Heinemann ist eine kluge und einfühlsame Frau mit scharfer Beobachtungsgabe und noch schärferem analytischen Denken. Eine wunderbare Frau.

Suche nach dem Ewigen

Im Frühjahr 1947 legt Uta Heinemann am Burggymnasium ihr Abitur ab. Das einzige Mädchen erreicht, wie nicht anders zu erwarten, eine Note, die bis dahin nur ein einziges Mal an der »Burg« vergeben worden war, und zwar 30 Jahre vorher: »Mit Auszeichnung«. Bereits 1946 hatte sie so ganz nebenbei nach einem sechswöchigen Intensivkurs ihr Dolmetscher-Examen in Englisch gemacht. Und endlich findet sie einen Ausgleich zum Lernen: Tanzstunden mit ihrer Schwester Christa. Im Mai 1946 laden die beiden zwei Jungen und sechs Paare zu einem »Hausball« ein. Es muss eine rauschende Ballnacht gewesen sein, denn Professor Klaus Imhoff, langjähriger Chef des für die Wasserversorgung des Ruhrgebiets zuständigen Ruhrverbandes, erinnert sich noch heute gern an die Einladung: »Ich stand damals stark auf Christa«.

Vier Monate später wird bei Heinemanns ganz groß gefeiert. Vater Gustav ist bei der ersten Kommunalwahl zum Oberbürgermeister gewählt worden. Dann der Hungerwinter 46/47. Die Zahl der Hungertoten und Tuberkulosekranken steigt unaufhaltsam. 741 Kalorien stehen dem Normalverbraucher in Essen pro Tag zu, aber oft sind keine Lebensmittel da. Im April 1947 wird Heinemann als CDU-Abgeordneter in den Landtag gewählt, zwei Monate später ernennt ihn Ministerpräsident Karl Arnold zum Justizminister.

»Im Krieg und nach dem Krieg haben wir trotz der hohen Position meines Vaters mindestens genau so, wahrscheinlich aber noch mehr gehungert als die übrige Bevölkerung«, erinnert sich URH. »Mein Vater hat sein Leben lang nach dem Motto gehandelt, ich nehme nichts, aber ich gebe auch nichts. Das könnte auch mein Motto sein. Später hat meine Schwester Barbara erfahren, dass er während der Nazizeit eine jüdische Familie mit Lebensmittelmarken versorgt haben soll. Er hat nie darüber gesprochen.«

Tochter Uta hat sich für das Studium der Theologie entschieden und verbringt ein »unerfreuliches Semester« an der Theologischen Hochschule Wuppertal. Eigentlich wollte sie in Bonn studieren, dort hatte sie sich auch bereits eingeschrieben, doch ihr Vater ließ seine noch nicht volljährige Tochter die volle »elterliche Gewalt« spüren. Sie wurde exmatrikuliert und in Wuppertal eingetragen. In Bonn nämlich studierte Edmund Ranke, und zwar katholische Theologie. Gustav

Heinemann wollte mit allen Mitteln verhindern, dass seine Tochter weiterhin mit ihrem Klassenkameraden von der anderen Konfession zusammenblieb.

Uta fügt sich unter Protest. Bereits nach einem Semester legt sie die Prüfung in Hebräisch ab – mit der üblichen Note »Mit Auszeichnung«. Für das Wintersemester schreibt sie sich jedoch in Bonn ein. Dort kann sie endlich mit Edmund zusammen sein.

Im Sommer 1948 macht sie bei der »Moralischen Aufrüstung« mit. Ihre Mutter begleitet sie nach Caux am Genfer See in der Schweiz, wo die 1938 von dem Amerikaner Frank Buchman gegründete Bewegung ihren Sitz hat. Hilda Heinemann reist nach zehn Tagen ab, Uta bleibt fünf Wochen, weil sie sich für Buchmans Ideen begeistert. Sie besagen u.a., dass sich erst der einzelne Mensch verändern und das eigene Gewissen schärfen muss, ehe er danach auch die Gesellschaft verändern kann. In Deutschland wurde die Moralische Aufrüstung insbesondere von Industriellen unterstützt, die darin ein Bollwerk gegen Kommunismus und Sozialismus sahen. Uta gefallen vor allem die Gedanken von der Verantwortung des Einzelnen für das Ganze und, auf Deutschland bezogen, das Bemühen um eine Aussöhnung mit Frankreich. Deshalb spielt sie in Caux auch gern in einem Theaterstück »Der vergessene Faktor« mit, das anschließend mit ihr in einer Hauptrolle auf Tournee u.a. nach Düsseldorf und Essen geht. 2001 ändert die Caux-Bewegung ihren Namen in »Initiatives of Change«. Mit einigen tausend Mitgliedern ist sie derzeit in 80 Ländern aktiv.

»Tante Lore«, Hilda Heinemanns Schwester, beobachtet Utas »moralische Aufrüstung« einerseits mit Wohlwollen, andererseits mit Skepsis. In einem Brief vom November 1948 schreibt sie: »Gott behüte Uta. Mit so viel Idealismus geht sie an alles heran, und so oft musste ich denken: kleine Uta, hoffentlich bringen dich die Lebenserfahrungen nicht mal zu ganz anderen Einstellungen. Sie meint jetzt noch, mit ihrem Herzen voll Liebe die Welt erobern zu können. Es war schön und ist ein Segen, dass immer wieder Menschen nur das Gute wollen.«

Mit dieser Einschätzung hat Tante Lore schon damals einen Wesenszug von URH treffend beschrieben. »Ich bin doch kein neuer Luther, ich will keine neue Reformation«, sagt sie im Sommer 2002. »Am besten bleibt alles so, wie es ist, denn jede Reformation bedeutet doch nur neuen Kampf und neue Blutopfer. Soll doch jeder glauben, was er will, ans Christkind in der Krippe oder den Osterhasen, nur den allergrößten Unsinn nicht, unfehlbarer Papst, Jungfrauengeburt oder Brot in Fleisch und Wein in Blut verwandelt. Nur ich selbst glaube nicht mehr – Liebe ja, Hoffnung ja, aber Glaube – Nein und Amen.«

Im Sommersemester 1949 darf Uta ihre Studien in Basel fortsetzen. Darf? Vater Heinemann hatte wieder einmal Druck ausgeübt in der Hoffnung, die Trennung werde die junge Liebe zwischen Uta und Edmund erkalten lassen. Im Tagebuch vermerkt ihre Mutter: »Ganz warm bist du in Basel wohl nicht geworden. Vielleicht war es für Karl Barth noch zu früh. Das Kolleg über Angelologie (Lehre von den Engeln) hat dich wohl nicht sonderlich beeindruckt.« Was man mit Blick auf Utas klaren Verstand sicherlich gut verstehen kann. Über den großen Theologen Karl Barth hatte sich Uta damals oft geärgert, weil er in nahezu jeder Vorlesung Kritik an seinem Kollegen Rudolf Bultmann in Marburg übte, den Uta am meisten von allen Lehrern verehrte.

Im Januar 1949 war Gustav Heinemann auf der ersten Synode der Evangelischen Kirche in Deutschland für sechs Jahre zum Präses gewählt worden. Bereits im Juli 1948 hatte er die Kirchenversammlung in Eisenach geleitet und die unterschiedlichen Strömungen der lutherischen, reformierten oder unierten Landeskirchen zu einem Kompromiss geführt. Der Historiker Arnulf Baring nannte Heinemann den damals »besten Kopf im evangelischen Lager«. Konrad Adenauer als CDU-Vorsitzender überzeugte den Essener Oberbürgermeister von der Notwendigkeit, bei der ersten Bundestagswahl zu kandidieren: »Es sind im evangelischen Lager neuerdings verschiedene Bestrebungen aufgetreten, die entweder Abstinenz von der CDU anraten oder sogar die SPD empfehlen, dass ich Sie herzlich bitte, unter Würdigung aller dieser Umstände zu kandidieren.« Unmittelbar nach seiner Wahl zum Bundeskanzler ernannte Adenauer am 15. September Heinemann zum Innenminister.

Uta bereitet sich unterdessen auf eine Übersiedlung nach England vor, um ihre Studien in Oxford fortzusetzen. Auch hier hatte ihr Vater wieder heimlich Regie geführt, um das Paar zu trennen. Im Oktober ein herzzerreißender Abschied von Edmund, dann beginnt für die Studentin eine »wundervolle Zeit«, wie sie im Rückblick sagt. Nicht nur, dass sie auf freundliche Menschen trifft; auch sie selbst ist mit sich und ihrem Edmund in der Ferne zufrieden und zeigt sich von ihrer heiteren Seite. »Christa besuchte dich in Oxford und schilderte, wie du bei allen beliebt seist und sie alle dort durch deine originelle Lustigkeit ergötzt«, trägt Hilda Heinemann Weihnachten 1949 ins Tagebuch ein.

Die junge Deutsche studiert die Geschichte der Anglikanischen Kirche und die Schriften der sogenannten Kirchenväter wie Augustinus oder Thomas von Aquin, die auch in der Anglikanischen Kirche hoch verehrt werden. Uta ist vor allem von den Bibliotheken begeistert. »Diese riesigen Hallen bis unter die Decke voll mit alten Büchern – das war meine Leidenschaft.« Kein Wunder, dass heute in ihrem Haus an den Wänden kaum eine Stelle frei ist, überall Bücher, mehr als achttausend Bände. Sogar der Eingangsraum zu ebener Erde sieht aus wie eine Bibliothek: an den Seiten volle Regale und auf dem Boden einige besonders schwere Sammlungen, eine alte Larousse-Lexikon-Ausgabe neben der Encyclopaedia Britannica.

Ihren englischen Freunden verschweigt Uta die Karriere ihres Vaters. Das Studium dauert drei Quartale, dann folgen ab Juli Einladungen nach London, Cambridge und Edinburgh. Im Herbst 1950 kehrt sie nach Bonn zum weiteren Studium und zu ihrem geliebten Edmund zurück. Anfang 1951 verbringt sie zwei Wochen im Kloster Maria Laach, um für ihre Staatsarbeit Material über das Leben der Mönche zu sammeln.

Im Mai verlobt sie sich trotz der massiven Bedenken ihres Vaters und der etwas schwächeren Einwände ihrer Mutter mit Edmund Ranke. Im Tagebuch hält Hilda Heinemann fest: »Das Kapitel ›Ich war ein Kind und träumte viel und hatte noch nicht Mai‹ ist nun abgeschlossen.«

Der Konflikt

Im Sommer 1951 darf Edmund Ranke, der Katholik, zum ersten Mal mit auf eine zehntägige Familienwanderung – »Vati, Mutti, du, Edmund, Christa, Bäb und Peter« – durch Eifel und Hunsrück. »Der arme Edmund musste gewaltig schleppen«, trägt Hilda Heinemann ins Tagebuch ein. Übernachtet wird zwar im Heu oder in Bauernstuben, aber für den Regenschutz beim Rasten und »Abkochen« unterwegs muss Edmund eine Zeltbahn an seinem Rucksack mitnehmen. Gustav Heinemann ist mit von der Partie. Er hat wieder mehr Zeit für seine Familie, denn bereits im Oktober 1950 hatte ihn Adenauer auf eigenen Wunsch aus dem Ministeramt entlassen. Heinemann zog damit die Konsequenzen aus der Tatsache, dass Adenauer ohne Rücksprache mit dem Kabinett nach dem Ausbruch des Korea-Krieges den Westalliierten eine deutsche Wiederbewaffnung angeboten hatte. 1951 gründet Heinemann zusammen mit seinem Anwaltskollegen Dr. Dieter Posser eine Kanzlei in Essen. Während der Wanderung durchdenkt er bereits die Gründung einer eigenen Partei.

Im August fährt Uta nach Montpellier, um ihr Französisch zu verbessern. Auch in diesem Fall hatte ihr Vater im Hintergrund die Fäden gezogen, denn die Hoffnung auf Trennung der Verlobten hatte er noch nicht aufgegeben. Zur Silberhochzeit der Eltern am 24. Oktober ist sie zurück, um dem Silberpaar am Morgen eine Hausandacht zu zelebrieren. Uta ist fromm, sehr fromm sogar. Ihre Schwester Christa erinnert sich: »Einmal hat sie in einem langen Nachtgespräch mir und meinem Verlobten vom Himmel erzählt. Sie hat so begeistert gesprochen, dass Eduard meinte, so schön habe er sich den Himmel nun doch nicht vorgestellt.«

Uta setzt ihre Studien in Bonn fort; Edmund hat sich für ein Semester beurlauben lassen und wohnt meist bei den Heinemanns. In Bonn kennt wohl jeder Student die angehende Theologin aus Essen, weil sie in allen Vorlesungen zwar angespannt zuhört, aber ebenso eifrig gleichzeitig strickt. Stricken oder Häkeln ist auch heute noch ihr liebstes Hobby. Oberbekleidung wird nicht mehr gekauft, sondern bei Bedarf selber gestrickt, das Handy findet seinen Platz in einem selbst gehäkelten Etui. Und auf Reisen stecken Ausweis und Scheckkarte in einem selbst gehäkelten Brustbeutel.

Vater Gustav tritt im November 1952 aus der CDU aus und gründet eine eigene Partei: die Gesamtdeutsche Volkspartei. Mit dabei sind u.a. Johannes Rau, Erhard Eppler, Dieter Posser und Helene Wessel. Die GVP bleibt relativ erfolglos und löst sich 1957 auf. Der SPD-Parteivorstand bietet Heinemann und Frau Wessel sichere Listenplätze für die Bundestagswahl an, denn immerhin bringen sie doch viele christliche, meist evangelische Mitglieder aus der GVP mit in die Sozialdemokratie.

Ähnlich wie der Vater auf politischem macht die Tochter auf religiösem Gebiet eine Häutung mit. 1953 bricht sie nach 13 Semestern ihr Studium der evangelischen Theologie ab und tritt zum Katholizismus über – ein schwerer und folgenschwerer Schritt für sie und den Vater.

In zahlreichen Veröffentlichungen erscheint diese Entscheidung als Ergebnis eines Eltern-Kind-Konflikts: Die Tochter wollte sich an ihrem übermächtigen Vater rächen und ihn ärgern. URH weist diese Deutung mit Entschiedenheit zurück. Zwar habe es wochenlang Auseinandersetzungen mit Tränen, Gezeter, Verbitterung und vielen Argumenten gegeben, dabei sei es jedoch immer nur um die Sache gegangen und zu keiner Zeit um Aufsässigkeit des Kindes gegen den Vater. Anfang 2003 schilderte sie die Vorgänge aus ihrer Erinnerung.

»Den ersten Anstoß hat zweifellos mein Vater geliefert mit seiner Ablehnung meiner Heirat mit dem Katholiken Edmund Ranke. Diese Intoleranz im Protestantismus gegenüber anderen Religionen ist mir auch an der Universität während des Studiums oft begegnet. Edmund dagegen war lieb und sanft und tolerant auch gegen Andersdenkende. Ich dachte, dass dies ein Ausfluss seiner katholischen Herzens- und Gewissensbildung ist. Dass ich bloß vom Regen in die Traufe gekommen war und dass mein lieber Vater in seiner Einschätzung der Katholiken Recht hatte, habe ich erst viel später gemerkt.

Aber ich war damals eben verliebt und wollte einen Katholiken heiraten, wobei mir klar war, dass bei einer katholischen Trauung auch eine katholische Erziehung der Kinder verlangt wurde. Im Kloster Maria Laach hatte ich einen alten lieben Pater kennen gelernt, mit dem ich meinen Konfessionswechsel besprochen habe. Dann konvertierte mein Lieblingslehrer Professor Heinrich Schlier, Neutestamentler in Bonn, zum katholischen Glauben. Ich habe ihn nach seinen Gründen gefragt. Alle seine Antworten erschienen mir sehr einleuchtend. Ich ging also zu meinen Lehrern und informierte sie, dass auch ich die Seiten gewechselt hatte und fortan in München katholische Theologie studieren wollte. Die Intoleranz meiner Lehrer hatte ich durchaus richtig eingeschätzt, denn sie ließen mich von einem Tag auf den anderen fallen wie eine heiße Kartoffel. Sie ignorierten mich und gingen jedem Gespräch aus dem Weg.

In München gab ich mich als Sympathisantin von Professor Schlier zu erkennen und wurde herzlich aufgenommen. Mein Vater hat getobt, tagelang. Er war als Präses der Synode der Evangelischen Kirche in Deutschland doch der oberste Protestant unter den Laien. Ich glaube, mein Vater hat Sorge gehabt, dass die Leute sagen könnten, der kann ja nicht einmal seine Tochter im richtigen Glauben erziehen. Am meisten aber hat ihn gestört, dass ich meinen Verstand ›an einen Italiener abgegeben‹ hätte, ich als seine sonst doch so kluge Tochter. Mit dem Italiener war natürlich der Papst gemeint. Vater wollte und konnte es einfach nicht begreifen.

Ich selbst habe den Konfessionswechsel nicht als großen Bruch empfunden. Ich habe auch nichts abgeschworen. Mein bestimmendes Gefühl war, dass ich mit diesem Schritt in eine größere Toleranz hineingehe. Ich weiß nicht mehr, wie ich zu dieser Fehleinschätzung gekommen bin. Vielleicht war es so etwas wie Mitleid, weil mir die evangelische Kirche in meinem Elternhaus so groß und mächtig erschien und die katholische Kirche dagegen klein und schwach. Der Übertritt kam mir vor wie ein Schritt hin zu einer Minderheit. Alle Warnungen meines Vaters habe ich in den Wind geschlagen. Ich muss alle Erfahrungen selber machen. Mein Vater hatte Recht.«

Als Gustav Heinemann merkt, dass seine Tochter nicht umzustimmen ist, versucht er, sein Ziel mit finanziellem Druck zu erreichen. Er weigert sich, das Studium der katholischen Theologie in München zu bezahlen. Etwa eine Woche tobt und schreit und weint Uta, dann ist er zu einem Kompromiss bereit: Noch ein Jahr 200 Mark im Monat und keinen Pfennig mehr, auf keinen Fall aber die Studiengebühren. Das Erzbistum München freut sich über die Konvertitin und erklärt sich bereit, alle unmittelbaren Kosten des Studiums zu tragen. Von den 200 Mark gibt Uta 100 an Edmund ab, der nichts besitzt und in Bonn weiter studiert. Von den verbleibenden 100 Mark braucht sie 50 für das Zimmer und 30 für die Mensa, d.h. sie muss mit 20 Mark für alle übrigen Ausgaben auskommen. Die kleine Studentenbude ist kalt, hat aber einen Ofen. Uta kauft ein Brikett, ist aber zu sparsam, um es wirklich zum Heizen zu verwenden. Es bleibt unter dem Ofen liegen, der in diesem Winter trotz eisiger Kälte nicht angezündet wird. »Alle Wege habe ich zu Fuß zurückgelegt. Ich weiß seitdem, wie es Sozialhilfeempfängern zumute ist, wenn sie mal zusätzlich etwas anschaffen oder sich gönnen wollen.«

Uta merkt, dass sie diese Armut nicht allzu lange ertragen kann. Sie beschließt, sich keine Ruhe zu gönnen und das Studium, für das üblicherweise sechs bis zehn Semester nötig sind, in einem einzigen Jahr zu absolvieren. Klar, dass sie ihr Ziel planmäßig erreicht. Die obersten Münchner Theologen begeistern sich nämlich für ihre Doktorarbeit, mit der sie eigentlich das evangelische Theologiestudium krönen wollte: »Die Entstehung des Mönchtums nach den Selbstaussagen der ersten Mönche«. Ihr Doktorvater Professor Michael Schmaus erkennt alles an, was sie in ihrer Bonner Zeit als evangelische Studentin dazu erarbeitet hat. »Tag für Tag haben wir in Edmunds verschimmelter Kellerbude gesessen und griechische Texte über die ersten Einsiedler zu Beginn des Christentums übersetzt. Viele Texte waren besonders schwierig, weil sie ohne die Akzente geschrieben waren, die in der griechischen Schrift einem Wort die richtige Bedeutung geben. Edmund hat mich dann oft getröstet und gesagt, mach dir nichts draus, es gibt ja dazu auch noch eine Übersetzung in Aramäisch.« Auch das Studium der Kirchenväter in England kommt ihr bei den insgesamt 18 Prüfungen zugute, die sie in diesem Jahr mit den gewohnten Bestnoten ablegt.

Eine große Hilfe ist ihr dabei ihr Kommilitone Joseph Ratzinger. »Er war schon damals ein Star unter den Studenten und erschien mir als äußerst intelligent. Für meine Dissertation hat er mir bei der Übersetzung meiner Thesen ins Lateinische geholfen und ich ihm bei seiner Doktorarbeit. Wir haben uns sehr gut verstanden. Als ich in einer italienischen Talkshow mal erzählt habe, dass ich mit Ratzinger promoviert worden bin, stand das am nächsten Tag in allen Zeitungen. Alle brachten das Zitat, Ratzinger habe schon damals die Aura eines Kardinals mit höchster Intelligenz gehabt, allerdings bei Abwesenheit jeglicher Erotik. Das machte mir aber nichts, ich war ja mit Edmund verlobt.«

Der Dauerstress in Verbindung mit unzureichender Ernährung und einem Leben in ungeheizten Räumen hat schlimme Folgen. Uta kann seitdem nicht mehr schlafen und wird meist schon um drei Uhr früh wach. Tagsüber ist sie schwach und müde, oft auch krank. Jahrelang schluckt sie auf Anordnung des Arztes Valium, bis sie beschließt, auf Medikamente zu verzichten und ihre Schlaflosigkeit als chronisch zu erdulden. In den neunziger Jahren versucht sie es mit der »Wunderdroge« Melatonin, die angeblich nach Fernflügen Schlafstörungen verhindert. Zwei oder drei Nächte lang schläft sie bis zum späten Vormittag entspannt durch, danach bleibt jede positive Wirkung aus. Auch jetzt noch wird sie fast täglich gegen drei Uhr wach. Liegenbleiben bereitet nur Schmerzen, also steht sie auf und erledigt bereits in aller Herrgottsfrühe Schreibarbeiten.

Uta Ranke-Heinemanns Doktorarbeit, bei Driewer in Essen erschienen, steht in nahezu jedem katholischen Kloster der Welt. Das Buch ist eine liebevolle Darstellung des Klosterlebens und jener Männer, die durch Gebet und Askese Gott näher kommen wollten. »Sie erschienen mir damals so lieb und gut und fromm. Außerdem gab es noch nicht jene Sexualfeindlichkeit, die sich später in der Kirche breit machte.« Nach dem Verlust ihres Lehrstuhls waren übrigens Ordensangehörige einschließlich der Jesuiten die einzigen, die ihr bei einem Zusammentreffen nicht aus dem Weg gingen, sondern sie mit Freude und Freundlichkeit begrüßten. »Vielleicht hatten die hinter ihren dicken Klostermauern nicht mitbekommen, wie ich mich weiterentwickelt habe«, vermutet URH. »Viele sagten mir, wie sehr sie mein Mönchsbuch schätzen.«

Unter Vorsitz von Professor Michael Schmaus tat das 1954 auch die Gutachterkommission. Sie gab der Doktorarbeit die Note »Magna cum laude« (»mit großem Lob« und damit besser als sehr gut). Damit war die Karriere der nunmehr katholischen Theologin Dr. Uta Heinemann gesichert. Vom Jahr 1955 konnte sie als Dozentin am Erzbischöflichen Katechetinnenseminar in Bonn arbeiten. Edmund stand kurz vor dem Abschluss seines Studiums und hatte eine Anstellung als Religionslehrer an einer Berufsschule in Aussicht. Grund genug, endlich zu heiraten. Als Termin wurde der letzte Tag des Jahres 1954 gewählt.

»Meine Eltern hatten inzwischen eingesehen, dass weiterer Widerstand zwecklos war. Trotzdem hat es noch Jahre gedauert, bis mein Vater zum ersten Mal Edmund zum Skatspielen eingeladen hat«, erinnert sich URH. »Ich weiß nicht einmal genau, ob er mit in die katholische Kirche gegangen ist. Auf jeden Fall hat er mir bei der Feier zu

Hause noch wütend ins Ohr geflüstert: Denk daran, das Tischtuch ist und bleibt zerschnitten.«

URH ist sich sicher, dass die Ablehnung ihres Vaters nur dem Katholiken, nicht aber dem Menschen Edmund Ranke galt. »Edmund war sehr sanft und lieb, er hatte schreckliche Dinge erlebt von 1941 bis kurz vor Kriegsende als Soldat im Osten, zuletzt als Obergefreiter beim Endkampf im Westen und als Gefangener der Amerikaner in Remagen.« Anfang 2003 findet URH beim Aufräumen Edmunds Erkennungsmarke und ein Eisernes Kreuz. Dass es ihm verliehen worden war, hat er nie erwähnt.

Die Konversion seiner Tochter und ihre Heirat mit einem Katholiken haben zweifellos 1955 eine bedeutende Rolle gespielt, als Gustav Heinemann nach Ablauf seiner Amtszeit erneut für das Amt des Präses der Evangelischen Kirche in Deutschland kandidierte. Er unterlag mit 40 zu 77 Stimmen einem Professor für Volkswirtschaft aus Freiburg. Die Synodalen, darin sind sich die Kommentatoren einig, wollten wohl in erster Linie keinen Politiker und schon gar nicht einen, der aus der CDU ausgetreten war. Aber sie wollten an ihrer Spitze auch niemand mit einer katholischen Tochter an seiner Seite. Dieses Argument wurde freilich nicht offen, sondern nur hinter vorgehaltener Hand ausgesprochen. Trotz allem blieb Gustav Heinemann damals hoch angesehen. Die gleichen Synodalen wählen ihn anschließend mit 136 von 141 Stimmen als Mitglied in den Rat der EKD.

E. Rankes »stadt des herzens«

»Man kann meine Mutter nicht verstehen, wenn man nicht die Gedichte meines Vaters kennt.« Andreas Ranke-Heinemann drückt mir ein dünnes Buch in die Hand. Es ist einfach gebunden, schwacher Karton mit einem verblassten altrosa Schutzumschlag, handgesetzt aus einer Antiqua-Schrift in einem Essener Betrieb und erschienen im Driewer-Verlag Essen. »edmund ranke stadt des herzens« steht auf der Titelseite.

»Wir haben Edmunds Gedichte 1965 für teures Geld drucken lassen«, erzählt URH. »Es sind nur wenige Exemplare verkauft worden. Nach einigen Jahren haben wir mehrere Kartons mit unverkauften Exemplaren vom Verlag bekommen, der Rest wurde Makulatur.«

Der dünne Band ist zweigeteilt. Teil eins heißt »stadt des herzens« und umfasst 21 Gedichte, Teil zwei »an eine mutter eines toten soldaten« enthält 13 Texte.

Edmund Rankes Gedichte bestehen fast immer aus acht Zeilen. Nicht nur die Gedichte für die Mutter eines toten Soldaten, auch alle übrigen Verse sind durchzogen von einer unendlichen Traurigkeit, die sich schwer auf das Herz legt. Nur selten bricht zum Schluss ein Hoffnungsschimmer durch. Meist enden sie in Abendstimmungen, in Wehmut, in der Zeit der Ernte, im Abschiednehmen, in der Fremde, in der Stille, im Tod.

Auf einer Jubiläumsfeier des Essener Burggymnasiums, dessen Anfänge auf das Jahr 852 zurückgehen, sprach URH 1999 ein Grußwort. Darin schilderte sie, wie sie 1945 als erstes Mädchen auf die »Burg« kam, ein reines altsprachliches Jungengymnasium. »Niemals vorher hatte ich eine Ansammlung so vieler netter Jungen und junger Männer getroffen. Ich beschloss, mir den Intelligentesten, Treuesten und Witzigsten ›für das Leben‹ auszusuchen. Unter den 40 Mitschülern meiner Klasse hatte ich ihn erst überhaupt nicht bemerkt. Er saß ganz hinten und sagte nie etwas. Aber eines Tages wurde er aufgerufen, stand auf, nahm das Buch vom Nachbarn und übersetzte das Griechische derart kunstvoll, dass ich dachte, entweder der totale Angeber, der zu Hause stundenlang übt und hier den Anschein erweckt, nicht einmal eine Ausgabe Homer zu besitzen – oder ich muss mich darum kümmern.

Es stellte sich heraus, der Junge hatte gar nichts, der Vater war in den Essener Bombennächten umgekommen, unter seiner Soldaten-

Tarn-Jacke trug dieser Edmund Ranke immer nur einen einzigen Pullover. Der ribbelte sich hinten auf. Ich habe ihn später ganz aufgeribbelt und während des Unterrichts neu gestrickt. Der Junge hatte auch kein Zuhause. Er wohnte bei seinem Pfarrer und besaß außer einem grünlichen Tintenstift gar nichts.

Das war genau das, was ich suchte: feinstes Sprachgefühl, Intelligenz, Witz und Treue. Er wollte Mönch werden, das fand ich in diesem Zusammenhang gut. Und so setzte ich mich eines Tages neben ihn. Er war aus dem Jahrgang 22 und gehörte zur Gruppe der Kriegsteilnehmer, die vor dem Abitur eingezogen worden waren. Er war einer der wenigen, die nach vier Jahren Krieg und Gefangenschaft zurückkamen, inzwischen fünf Jahre älter als die meisten in der Klasse. Eines Tages habe ich ihm dann erklärt, dass wir verlobt seien. Er hat das gar nicht so richtig mitgekriegt.«

Edmund Ranke, der Religionslehrer wurde, hat über seine Zeit im Krieg nur ungern gesprochen. In seinen Gedichten schrieb er sich seinen Schmerz von der Seele. Aus dem Zyklus an eine Soldatenmutter:

dein sohn lag tot im sonnenblumenfeld.
er war von einer pak getroffen.
er hatte keine augen mehr, und sein gehirn lag offen.
wir nahmen deine briefe und das geld.

*

wir haben deinen sohn begraben
in einem alten fetzen zelt.
was wir bei ihm gefunden haben,
das haben wir dir zugestellt.

Und noch ein Beispiel, ein Rückblick auf die schreckliche Zeit als Soldat:

abel war dein sohn, durch die geschichte
kommt der engel manchmal, seinen tod zu sagen,
du weißt ihn längst, du hast ihn längst ertragen,
du siehst ihn stehn in jedermanns gesichte.

*

denn du bist eva, mutter aller leben
und mutter aller tode, die das leben stirbt,
so blieb dir nur, was dir der tod erwirbt,
und das ist weniger, als sie den bettlern geben.

Wer Uta Ranke-Heinemann verstehen will, muss die Gedichte ihres Mannes kennen, sagt ihr Sohn. Zwei Beispiele aus Teil eins »stadt des herzens«:

ich habe eine stimme, die niemanden stört,
dazu ist sie viel zu gering,
ich habe ein lied, das niemand hört,
weil niemand mit mir ging.

*

ich geh einen weg, den niemand kennt,
dazu ist er viel zu leis,
ich trag einen namen, den niemand nennt,
doch einer ist da, der ihn weiß.

Wieder diese Traurigkeit, aber auch ein Lichtblick. Ernst zu sein, an dieser Welt zu leiden war nur ein Aspekt der Persönlichkeit von Edmund Ranke. Seine Frau, seine Kinder und alle, die ihn kannten, rühmen immer wieder seinen Humor und seinen Witz. In seinen Gedichten jedoch offenbart er tiefe Gefühle, Mit-Leiden, Trauer und nur selten Glück.

von allen, die vorüber gingen,
warst du der eine doch, der blieb,
du hattest von den stillen dingen
auch meine stillen hände lieb.
du wolltest nicht, dass ich zerfiel
und dass mein weinen sich vergeude,
und machtest mich zum saitenspiel,
das durch die gärten geht in freude.

Ruhe vor dem Sturm

Die ersten Jahre nach der Promotion und Heirat verbringen Uta und Edmund in einer Etagenwohnung in Bonn. Dort leben sie in großer Armut, denn das Katechetinnenseminar tut alles, um die verheiratete Theologin zu »mobben«, wie man heute sagen würde. »Die Studentinnen wollten in den kirchlichen Dienst oder Nonnen werden, da passte es dem Leiter des Seminars nicht, dass ich verheiratet war. Die jungen Mädchen sollten wohl gar nicht erfahren, dass es außer Jesus noch andere Männer zum Heiraten gab.« Er beschwert sich beim Generalvikariat in Köln, bekommt aber von dort die Antwort, dass Heiraten keine Sünde sei und sehr wohl eine verheiratete promovierte Frau Theologie unterrichten dürfe.

Trotzdem setzt nach den Erinnerungen von URH der Leiter des Instituts den Versuch fort, sie hinaus zu ekeln. So bewilligt er für einen Vormittag Unterricht nur ein Honorar von fünf Mark. Bei den Prüfungen muss URH immer anwesend sein. »Als ich dafür Honorar haben wollte, bekam ich zur Antwort, ich hätte doch am gemeinsamen Mittagessen teilgenommen, das müsse reichen.«

Im Jahr 1955, als Edmund noch nichts hinzu verdient, wird Uta schwanger. Zur gleichen Zeit bekommt sie für 400 Mark im Monat eine Anstellung als Religionslehrerin an einer von Ursulinen geleiteten Bonner Schule. »Das waren nun alles Bräute Christi, die ebenfalls keine verheiratete Theologin neben sich ertragen konnten. Fast täglich fragten sie mich, wann mein Mann denn endlich sein Examen macht, damit er Geld verdient und ich bei ihnen aufhören kann.« Eines Tages, in der ersten Pause, bekommt Uta Blutungen. Da es für jede Fehlstunde einen Abzug vom Gehalt gibt und sie eigentlich auf keine Mark verzichten kann, unterrichtet sie noch fünf Stunden, ehe sie ins Krankenhaus geht.

»Dort habe ich einen großen Schock bekommen, einmal wegen der Fehlgeburt, zum andern aber durch das Verhalten der Nonnen. Ihnen war es völlig egal, was mit mir passierte. Sie beteten die ganze Zeit nur dafür, dass Gott den Embryo am Leben erhalten möge. Ich weiß, dass ich mich damals über dieses unmenschliche Verhalten sehr erregt habe, aber ich habe damals noch nicht die Lehren der katholischen Kirche als Ursache erkannt, sondern die Schuld bei den Nonnen gesucht.«

In diesen Zeiten der Not und des Hungers kommt vom Vater »keine müde Mark«. Gustav Heinemann lehnt es strikt ab, durch Geld für seine Tochter indirekt die katholische Kirche zu unterstützen. Außerdem interessieren ihn mehr seine Gesamtdeutsche Volkspartei, die Evangelische Kirche in Deutschland und die Gemeinschaftspraxis mit Dr. Dieter Posser, dem späteren Justiz- und Finanzminister in Nordrhein-Westfalen. 1955 ist das Jahr, in dem die Bundesrepublik Mitglied der NATO wird und eigene Streitkräfte aufstellen muss. Die Opposition – u.a. Erich Ollenhauer, Erich Kästner, Alfred Weber, Helmut Gollwitzer und Gustav Heinemann – versucht, mit einer Kundgebung in der Frankfurter Paulskirche am 29. Januar und mit einem dort verabschiedeten »Deutschen Manifest« die Remilitarisierung zu verhindern – vergebens. Immer wieder muss sich Heinemann gegen den Vorwurf wehren, seine GVP sei kommunistisch unterwandert. Rheinstahl, der Bergbau und auch die Stadtverwaltung Essen distanzieren sich von ihrem früheren Vorstandsmitglied und Oberbürgermeister. Adenauer erklärt auf einer Kundgebung in Essen: »Wenn ich von Dr. Heinemann als Ihrem Mitbürger spreche, hoffe ich, Ihnen nicht zu nahe zu treten.« Als Anwalt vertritt Heinemann in den Jahren des »Kalten Krieges« überdies zahlreiche Kommunisten, die von der Adenauer-Regierung beschuldigt wurden, und viele verfolgte Gegner der Wiederbewaffnung und des Kriegsdienstes. Die Kanzlei gewinnt zahlreiche Prozesse und wird schließlich von den DDR-Behörden in komplizierten Rechtsfällen eingeschaltet, was den CDU-Politikern dann oft Anlass für neue Verleumdungen ist. Posser und Heinemann gelingt es, Hunderte DDR-Bürger aus den Zuchthäusern in die Bundesrepublik zu holen. Die trotzdem nicht nachlassenden Schmähungen der eigenen Person erträgt Heinemann, so wird berichtet, mit großer Geduld und mit Nachsicht dank seines Christentums und seiner sachlichen Einstellung zu allen politischen Fragen. Das Schicksal seiner ältesten Tochter interessiert ihn offensichtlich wenig.

Die Notlage des jungen Ehepaars bessert sich erst ein wenig, als Edmund eine Anstellung als Religionslehrer an einer Berufsschule findet. 1958 wird Sohn Johannes geboren, zwei Jahre später Andreas. Johannes wird später nur »Jesus« gerufen, sein jüngerer Bruder aus unbekannten Gründen »Evchen« genannt.

Gustav Heinemann ist inzwischen Bundestagsabgeordneter seiner neuen Partei, der SPD, und damit nicht mehr allein auf die Einnahmen aus seiner Anwaltspraxis angewiesen. Als in der Nähe seiner Wohnung ein Haus in der Henricistraße in Essen-Süd zum Verkauf angeboten wird, schenkt er seiner Tochter dafür 50000 Mark. Mit einer Hypothek von 23000 Mark können Uta und Edmund das Haus 1959 erwerben.

Die Familie lebt in den folgenden Jahren hart an der Grenze zur Armut, aber doch zufrieden im eigenen Haus. Den Nachbarn fällt allerdings auf, dass Edmund und die beiden Jungen keinen großen Wert auf ihre Kleidung legen, Edmund zum Beispiel geht gern in ausgelatschten Pantoffeln zum Einkaufen, die Jungen tragen schon zu Beginn des Winters Mützen, von der Mutter gestrickte Schals und dicke Handschuhe. Ab und zu werden sie wegen ihres Aussehens gehänselt. Sie machen sich nichts draus, sagen sie später übereinstimmend. Nur über eins wundern sie sich: In anderen Familien machen immer die Mütter den Haushalt, bei ihnen zu Hause aber ausschließlich der Vater.

Auch auf gutes Essen wird nicht viel Wert gelegt. Maria Schmitt, Kassiererin im Konsum um die Ecke, erinnert sich Anfang 2003 noch mit 94 Jahren lebhaft an ihre damaligen Kunden: »Einmal habe ich gedacht, da kommt ein Penner in Schuhen ohne Schnürsenkel, in einer labbrigen Hose und einem offenen Hemd. Aber dann fragte er, ob es heute angedötschte Äpfel und Blumenkohl mit Flecken billiger gibt, da wusste ich, dass es Herr Ranke war. Sie haben immer gern herabgesetzte Ware gekauft, Herr Ranke sagte oft, der Hunger in der Welt ist so groß, da darf man nichts wegwerfen, wenn man es noch verwerten kann.«

Schon vor der Heirat hat Uta ihrem Edmund klargemacht, dass sie nicht kochen und bügeln könne und das auch nicht wolle. Edmund fügt sich in seine Rolle und hält sie durch bis wenige Tage vor seinem Tod. Feste Essenszeiten gibt es im Hause Ranke-Heinemann nicht. »Wenn einer Hunger hat, dann macht er sich was zu essen«, erläutert URH die Tischsitten. Wenn Edmund kocht, dann deftig. Er und die beiden Söhne haben später Übergewicht. Die viele Rohkost dürfte allerdings auch positive Auswirkungen gehabt haben. Erst nach Edmunds Tod lernt URH, eine warme Mahlzeit zuzubereiten. Der Gasherd verursacht ihr Angst. »Wenn einer anruft, vergesse ich jedes Mal, wenn ein Topf auf der Flamme steht.« Daher wird fortan auf dem Gasherd nur Wasser gekocht. Kartoffeln und Reis werden in der

Mikrowelle gegart, sonstige Speisen in einem kleinen Elektro-Backofen mit Grill und Schaltuhr erwärmt. Außerdem hat sich URH nach längerem Suchen einen Eierkocher für drei Eier zugelegt und sich sogar ein Suppenrezept ausgedacht. »In der Mikrowelle gart man eine Portion Reis als Vorrat für zwei bis drei Tage. Davon füllt man zwei gehäufte Esslöffel in eine Schale, gibt einen halben Brühwürfel hinzu und gießt darüber heißes Wasser. Zum Schluss zerdrückt man in einer Presse eine Zehe Knoblauch und mischt die kleinen Stücke unter die Suppe – fertig und guten Appetit.«

Die Abhängigkeit von Edmund ist so groß, dass URH ihn immer fragen muss, was sie gerade gegessen hat. Auch später, als sie als Tochter des Bundespräsidenten an Empfängen teilnimmt, weiß sie nie genau, welche Speisen da aufgetragen werden. »Ich habe dann die Menükarten mitgenommen und mir alles von Edmund erklären lassen. Edmund musste mir auch sagen, ob es mir geschmeckt hat. Nur einmal, da habe ich gewusst, dass da eine Platte mit leckerem Schinken vor uns stand. Ich habe dann meinem Tischnachbarn, dem Dalai Lama, in den höchsten Tönen was von der Qualität des westfälischen Schinkens vorgeschwärmt, bis er endlich sagte, dass er Vegetarier ist.«

Fleisch mochte sie schon als Kind nicht, weil ihr Vater bei Tisch immer darauf achtete, dass sie von allem genug aß. »Ich habe es dann in den Backentaschen behalten und im Klo ausgespuckt.« An Edmunds Gerichten ist ihr stets zu viel Fett und Pfeffer. Essen im Restaurant kommt nicht in Frage, weil erstens ein Wesenszug von URH extreme Sparsamkeit ist und zweitens Edmund eine Muskelkrankheit bekommt, so dass es ihm schwer fällt, Gläser ruhig zu halten oder das Besteck richtig zu führen. Auch die Augen verschlechtern sich. 1967 muss er aus dem Schuldienst ausscheiden. Seitdem konzentriert er sich ganz auf seine Rolle als Hausmann.

Wegen der geringen Zahl der Dienstjahre bekommt Edmund nur eine niedrige Pension. Die Gehaltseinbuße lässt sich einigermaßen verkraften, weil URH seit 1965 nicht mehr in Bonn, sondern in Neuss bei Düsseldorf arbeitet, und zwar als Dozentin an der Pädagogischen Hochschule. Mittlerweile sind auch die Kirchenoberen auf sie aufmerksam geworden. Ihre Vorlesungen finden Zustimmung, ihre Veröffentlichungen sind auch für Laien verständlich und liegen noch voll auf der Linie Roms. Unter Vorsitz des international anerkannten Theologen Professor Karl Rahner wird ihr Gesamtwerk als für die

Kirche besonders wichtig anerkannt. Rahner schlägt sie zur Habilitation vor, ihre Veröffentlichungen reichen dafür bereits aus. Damit ist sie die erste Frau der Welt mit einer Habilitation, mit der Lehrbefugnis also in katholischer Theologie. Ihre Antrittsvorlesung hält sie zum Thema »Ökumenische Aufgaben der Kirchen heute«. Ein Jahr später erhält sie in Neuss ihren Lehrstuhl für katholische Theologie, auch dies ein Ereignis, für das es in der Kirchengeschichte kein Beispiel gab. Professor Dr. Uta Ranke-Heinemann, immer noch ganz auf der päpstlichen Linie, wird prominent, und dies sogar international.

Im Gegensatz zu Hilda Heinemann, die alle Entwicklungsphasen ihrer ältesten Tochter mit großer Anteilnahme verfolgt, ist Vater Gustav von der katholischen Karriere seiner Tochter nicht gerade begeistert. Aber auch er ist ein wenig stolz darauf, dass es seine Tochter ist, die ein Jahrhunderte altes Tabu gebrochen hat. Gustav Heinemann ist freilich in diesen Jahren auch hinreichend mit sich selbst beschäftigt. Als 1966 die Große Koalition unter dem Kanzler Kurt Georg Kiesinger und Vizekanzler und Außenminister Willy Brandt gebildet wird, tritt Heinemann in das Kabinett als Justizminister ein. 1969, als seine Tochter den Lehrstuhl bekommt, wird er als erster Sozialdemokrat für fünf Jahre zum Bundespräsidenten gewählt.

»Gott, was war ich früher fromm«

Eine längere Zeit nach ihrer Promotion in katholischer Theologie 1954 und nach ihrer Antrittsvorlesung 1969 als erste katholische Theologie-Professorin der Welt, somit also für einen Zeitraum von etwa zwei Jahrzehnten, ist für URH die katholische Welt noch durchaus in Ordnung. »Gott, was war ich damals fromm! Ich habe an alles geglaubt, was ich glauben sollte, sogar an Maria als wahre Jungfrau.«

Wenn man »Nein und Amen« als ihr Abschiedswerk vom traditionellen Christentum gelesen hat, mag man kaum glauben, dass dieselbe Autorin zum Beispiel 1958 mit Druckerlaubnis durch den Kölner Generalvikar Teusch in der Reihe »Religiöse Quellenschriften« für den Düsseldorfer Patmos Verlag das Heft »Weisheit der Wüstenväter« verfasst hat. Darin bewundert sie die ersten christlichen Mönche, die gegen Ende des 3. Jahrhunderts von Ägypten aus begannen, den christlichen Glauben auch in Palästina, Syrien, Kleinasien und Konstantinopel zu verbreiten. In einem Wüstengebiet im westlichen Nildelta entstand im 4. und 5. Jahrhundert eine Sammlung von Anekdoten und Aussprüchen, die so genannten »Vätersprüche«. »Trotz ihrer literarischen Anspruchslosigkeit gehören sie zu den schönsten Geisteszeugnissen des Altertums«, schwärmte URH damals.

Sie übersetzt die Texte selber aus lateinischen und griechischen Überlieferungen. Für Erzählungen aus dem syrischen Sprachraum benutzt sie eine englische Übersetzung. Die »Vätersprüche« sind nicht nur weise, sondern auch voller Humor und kommen damit ihrem eigenen Bedürfnis nach Witz und Ironie durchaus entgegen.

So sagt beispielsweise der Altvater Matoes: »Demut ist, wenn du einem Bruder, der sich gegen dich verfehlt hat, verzeihst, noch bevor es ihm Leid tut.« Oder: Einmal kamen Räuber in die Zelle eines Altvaters und nahmen alles mit, was sie vorfanden. Sie vergaßen aber eine Tasche, die da hing. Der Altvater nahm sie, lief hinter ihnen her und bat sie inständig, auch noch diese Tasche mitzunehmen. Da staunten die Diebe über die Gelassenheit des Greises und gaben ihm alles zurück.

Eine Kurzgeschichte erzählt vom Besuch des Erzbischofs Theophilus von Alexandria bei den Mönchen in der Wüste. »Die versammelten Brüder baten den Altvater Pambo: Sage doch ein paar Worte zum Erzbischof, damit er erbaut wird bei uns. Der Greis antwortete: Wenn er nicht durch mein Schweigen erbaut wird, dann wird er es auch nicht durch mein Reden.«

Viele Anekdoten betreffen Streit und Unrecht und enden mit Hinweisen für eine Versöhnung: »Ein alter Mönch pflegte, wenn jemand schlecht über ihn geredet hatte, dem Verleumder, sofern er in der Nähe wohnte, ein Geschenk zu bringen. Wohnte er aber weiter weg, schickte er es ihm.« Immer wieder predigen die Altväter das Gebot der Nächstenliebe: »Was du selbst ungern hast, das tue keinem anderen an. Wenn du nicht möchtest, dass dich einer verleumdet, dann verleumde auch du niemanden.«

Oder: »Der Altvater Agathon sagte: Nie habe ich mich schlafen gelegt, wenn ich noch etwas gegen jemanden hatte. Auch habe ich, sofern ich das konnte, niemanden sich schlafen legen lassen, der etwas gegen mich hatte.«

Die unterhaltsamen und lehrreichen Geschichten enden fast immer mit hohen moralischen Schlussfolgerungen. Sie entsprechen damit durchaus der damaligen Geisteshaltung der jungen Theologin, die neben ihrer Tätigkeit als Dozentin am Erzbischöflichen Katechetinnenseminar in Bonn diese Sprüche in ihrer Freizeit übersetzt. Demut beispielsweise ist für sie damals noch eine erforderliche Lebenseinstellung, um ein Gott und den Mitmenschen wohlgefälliges Leben zu führen. Nicht von ungefähr beginnt sie die Auswahl der »Vätersprüche« mit dem Kapitel Demut. »Ein Altvater sagte: ich will lieber in Demut unterliegen, als mit Hochmut siegen.« Und: »Ein Bruder fragte einen Altvater: Worin besteht der Fortschritt eines Menschen? Der Greis antwortete ihm: In der Demut. In dem Maße, wie einer sich zur Demut neigt, wird er zu geistlichem Gewinn erhoben.«

Heute käme ihr die Identifikation mit solchem Verhalten nicht mehr über die Lippen. Hans-Dieter Schütt interviewte sie 1993 für sein Buch »Querköpfe – Uta Ranke-Heinemann« (Elefanten-Press Berlin) und stellte ihr die Frage, wie sie auf die christliche Forderung nach Demut reagiere. Die Antwort: »Demut? Ich bitte Sie! Damit will ich nichts am Hut haben. Ebenso wenig mit Keuschheit und Gehorsam. Meinen Verstand gebe ich nicht an Pseudo-Autoritäten ab. Ich bin sozusagen meine eigene Päpstin.« Auf die folgende Frage nach dem Glauben lautete die Antwort: »Hoffnung – wunderbar. Liebe – wunderbar. Aber Glaube? Nein, ist gestrichen … Glaube macht aus Nichtwissen eine fade Tugend, und das scheint mir wenig nützlich.«

Das also sagt eine Frau, die schon Jahre vor ihrer Berufung auf den Lehrstuhl für katholische Theologie eine von der Kirche anerkannte Autorität in Glaubensfragen war. Mehr noch: Sie war diese Instanz nicht nur für fragende Theologen, sondern auch für den Mann und die Frau aus dem Volke. Für sie schrieb sie u. a. die Erbauungsschriften »Von christlicher Existenz«, »Gedanken zu Sonntagsepisteln« und »Christentum für Gläubige und Ungläubige«. Dr. Uta Ranke-Heinemann war am Ende der fünfziger und in den sechziger Jahren eine Lebens- und Glaubensberaterin, deren Ratschläge direkt in den Himmel führten. Ähnlich wie »Tante Klara« oder »Fragen Sie Frau Sybille« in den bunten Blättern agierte URH als wöchentliche Beraterin lange Zeit für das RUHRWORT, die Wochenzeitung des Bistums Essen.

URH hat die von Lesern eingesandten Fragen und ihre Antworten gesammelt und 1965 zu einem Buch »Antwort auf aktuelle Glaubensfragen« (Driewer, Essen) zusammengefasst. In diesem Jahr wechselt sie von Bonn als Dozentin an die Pädagogische Hochschule Neuss bei Düsseldorf. Im Vorwort zur ersten Auflage, die selbstverständlich mit kirchlicher Druckerlaubnis erschien (Imprimatur durch den Generalvikar des Bistums Essen), spricht sie ausdrücklich von einer »geordneten Landschaft der Theologie«. Ihr katholisches Weltbild hat also offenbar noch keinen Schaden genommen. So schließt denn auch das Vorwort mit dem ebenso geheimnisvollen wie schwülstigen Satz: »Die Fragen in diesem Buch … werden hier gewiss nicht letztgültig beantwortet, aber es ist tröstlich zu wissen, dass es eine Antwort auf alle Fragen und auf alle Antworten geben wird und dass alle menschlichen Fragen-Alphabete hineinfinden werden in das Alpha und Omega Gottes.« Offensichtlich eine Langformel für Allah ist groß.

Damals also wäre sie die Idealbesetzung für »Das Wort zum Sonntag« im Fernsehen gewesen. Zwanzig Jahre später klingt alles extrem anders: »Die katholische Lehre ist eine Primitiv-Theologie, eine Henker-Theologie mit Tod am Kreuz und Erlösung durch Blut.« Von einer solchen Wortwahl ist URH noch weit entfernt, als sie die Fragen der RUHRWORT-Leser beantwortet.

Ist die Ehe ein Sakrament?, lautet da beispielsweise eine Frage. »Ja«, antwortet URH, »das ist das Geheimnis der christlichen Ehe, dass in ihr die urbildliche Ehe Christi und der Kirche wirksam gegenwärtig ist, dass hier das Urbild selbst in das Abbild eingeht.« Alles klar? Nein? Dann bitte weiter lesen: »Christus selbst liebt in der Ehe mit, und Christus selbst wird in der Ehe mitgeliebt.« Katholische Ehe also immer Ehe zu dritt?

Was bedeutet die Krankensalbung für einen sterbenden Menschen? Steht das katholische Lehramt über oder unter der Bibel? Haben wir sozusagen drei Götter oder einen dreifaltigen Gott? Warum verwerfen die Protestanten das Fegefeuer? Sind die Juden das auserwählte Volk? Soll man noch von Heiden sprechen? URH antwortet noch in voller Übereinstimmung mit den Lehren der Kirche. Nur hin und wieder meldet sie Zweifel an, die aus heutiger Sicht schon in den sechziger und siebziger Jahren den späteren totalen Bruch mit den Glaubenslehren andeuten.

Die letzte Ölung, so antwortet sie z. B., bedeutet für den Sterbenden nicht Tod, sondern den Übergang zu Leben und Auferstehung. So hört es jeder Bischof gern. Dann aber dies: Eine im Letzten noch nicht gelöste Frage bedeute es, warum die letzte Ölung nur den Schwerkranken, nicht aber den zum Tode Verurteilten gespendet wird. Bahnt sich da Kritik der jungen Theologie-Dozentin am Ja des Vatikans zur Todesstrafe an? Im Alter wird sie noch oft in diese Kerbe schlagen, immer dann, wenn vom Schutz des ungeborenen Lebens die Rede ist. »Je ungeborener, desto geschützter« wird zu einer einprägsamen Formel in ihrem Kampf gegen das Ja der Kirche zu »gerechtem« Krieg und Todesstrafe.

Zum Heidentum antwortet sie, mit den weltumfassenden Beziehungen des Abendlandes zu anderen Völkern und umgekehrt höre das Heidentum zu existieren auf. »In dieser jetzt beginnenden neuen Phase ... wird es nicht mehr den Heiden geben, sondern nur noch Christen und Nichtchristen.« Eine durchaus vernünftige Antwort, nur nicht für die missionierenden Orden, die auch heute noch ihre wichtigste Aufgabe darin sehen, den »Heiden« den katholischen Glauben zu bringen.

Warum besteht der Sonntagszwang? Antwort: Der sonntägliche Gottesdienstbesuch ist ein Ausdruck der Treue zu Gott. Sprach Jesus griechisch oder hebräisch? Antwort: Zur Zeit Christi war in Palästina die aramäische Sprache gebräuchlich. In dieser Sprache hat Jesus gepredigt.

In einem Kapitel freilich äußert sich URH bereits so, wie die Öffentlichkeit sie in späteren Jahren schätzen gelernt hat. Da fragt eine Frau um Rat, die nach dem fünften Kind eine »Atempause« einlegen, also verhüten möchte. Als »Sünderin« bleibt sie vom Empfang der Kommunion ausgeschlossen. Ein alltägliches katholisches Problem.

URH bemerkt sofort die Fallstricke, in die sie mit ihrer Antwort geraten könnte, denn »Verhütung ist schlimmer als Vergewaltigung der eigenen Mutter«, formuliert sie voller Ironie mehr als ein Jahrzehnt später. 1968 aber beruft sie sich zunächst auf den bekannten Jesuitenpater J. David. Von ihm stammt die These, dass das Kind zwar der erste Zweck der Ehe sei, nicht aber jedes einzelnen Geschlechtsaktes innerhalb der Ehe. Der eheliche Akt diene allgemein der Vertiefung der ehelichen Liebe, und zwar auch dann, wenn eine Zeugung verhindert werde. Danach zählt sie die unterschiedlichen Standpunkte auf, die aktuell in der Diskussion um Geburtenregelung und Sünde von Theologen vertreten werden. Sie selbst plädiert dann äußerst geschickt für eigene Entscheidungen mündiger Eheleute, ja, man bringe gewissermaßen den Papst in Verlegenheit, wenn man die eigene Intimsphäre durch die Kirche geregelt sehen möchte. Eine Antwort des Papstes zur Empfängnisverhütung enthebe den einzelnen Gläubigen seiner eigenen Verantwortung. »Das aber kann keinesfalls das Ziel päpstlicher Entscheidungen sein … Auch eine Isolierung der Hirten der Kirche vom Volk ist denkbar, die keinen geringeren Schaden für die ganze Kirche bedeuten würde.«

So viel Fürsorge für die »Hirten der Kirche« weckt bei diesen den Verdacht, dass ihre RUHRWORT-Fragetante, wenn auch verklausuliert, die Empfängnisverhütung in bestimmten Fällen befürwortet. Die Zusammenarbeit zwischen RUHRWORT und URH ist damit beendet.

Auf Konfrontationskurs

Bis zu ihrer Habilitation 1969 hat URH nach eigenen Aussagen nur zwei Mal mit ernsthaften Zweifeln an der katholischen Kirche und ihren Lehren zu kämpfen gehabt.

Das erste Mal war dies der Fall nach ihrer Fehlgeburt, als sie es als unmenschlich empfand, dass die Nonnen nicht für die zu verbluten drohende Mutter beteten, sondern für den nicht lebensfähigen Fötus. Nach der damaligen kirchlichen Lehrmeinung stand seine Rettung und Taufe im Vordergrund, und zwar auch auf die Gefahr hin, dass die Mutter sterben müsste. Erst Jahre später wurden übrigens die kirchlichen Anweisungen dahingehend geändert, dass einem Arzt, der trotzdem die Mutter rettet, kein Vorwurf zu machen sei, wenn er diese Entscheidung nach gründlicher Überlegung getroffen habe.

Beim zweiten Mal waren ihre Söhne betroffen. Sie sollten 1967 zur Erstkommunion nur zugelassen werden, wenn sie vorher zur Beichte gingen. Für URH war diese Kinderbeichte jedoch unnötig. Voraussetzung für eine Sünde sei nämlich, dass jemand die Gebote Gottes mit vollem Wissen und mit voller Absicht übertrete. Bei Kindern komme das nie vor, also seien sie auch nicht mit Sünden beladen, und ohne Sünde keine Beichte. URH nahm Johannes und Andreas mit nach Holland, wo der Pfarrer von seinen Kommunionkindern keine Beichte verlangte, und ließ sie dort diesen Tag feiern.

Im Jahr 2002 wurde sie an diesen Vorgang plötzlich erinnert, als die katholische Kirche in Deutschland, aber auch in Amerika zum Kindesmissbrauch durch Priester Stellung nehmen musste. Meist wurden Jungen missbraucht, Messdiener. In zahlreichen Interviews kritisierte URH, dass in letzter Instanz der Papst für diese Straftaten mitverantwortlich gemacht werden müsse, weil er am Zölibat festhalte und die Frauen immer mehr aus der Kirche verbannt habe. Die zur Homosexualität verleiteten »Zölibatäre« hätten es folglich in ihrer Umgebung vorwiegend mit Jungen zu tun. Jahrelang habe die Kirche dazu geschwiegen, jetzt drohten in Amerika aber Entschädigungsforderungen in vielfacher Millionenhöhe, so dass der Vatikan seine Augen nicht länger vor dem Problem verschließen könne. Vielen Gläubigen sei aber immer noch nicht klar, dass nicht der einzelne homosexuelle Priester, sondern der Zölibat das Problem sei.

Eines Morgens, als sie die Lokalzeitung las, erkannte URH mit einem Schlag den Zusammenhang zwischen Beichte und Kindesmissbrauch. In Essen, nicht weit von ihrem Haus entfernt, hatte ein von einem Pater missbrauchter Junge Schutz und Hilfe in der Beichte bei einem Kaplan gesucht – und war dann von diesem seinem »Beichtvater« noch jahrelang sexuell in übler Weise ausgenutzt worden. URH nahm diesen Fall zum Anlass für eine Presseerklärung, in der sie die katholische Kirche aufforderte, auf die Kinderbeichte zu verzichten. Eltern sollten nicht zulassen, dass ihre Kinder von homosexuellen oder pädophilen Priestern im Beichtstuhl ausgefragt würden. »Der Beichtstuhl ist gewissermaßen der Kontakthof, auf dem sich Beziehungen und Missbrauch anbahnen lassen. Die Antwort auf die Frage nach Unzucht allein oder mit anderen signalisiert dem anfälligen Beichtvater, an welche Jungen er sich heranmachen kann.«

In der ersten Zeit als einzige katholische Theologieprofessorin der Welt ist URH von diesen Kenntnissen und Erkenntnissen allerdings noch meilenweit entfernt. Noch deutet nichts darauf hin, dass von ihrem Lehrstuhl aus die schärfste je geäußerte Kritik an der katholischen Sexualmoral ausgehen wird. URH beschäftigt sich zu jener Zeit noch mit einem ganz anderen Problem: mit dem großen Thema Krieg und Frieden.

Seit dem Amtsantritt ihres Vaters als Bundespräsident wird sie oft eingeladen, an Veranstaltungen des Bundespräsidialamtes teilzunehmen. Bei ausländischen Gästen macht es einen guten Eindruck, wenn sie von der Tochter des Staatsoberhaupts in ihrer Muttersprache angesprochen werden. URH spricht nämlich nicht nur Englisch und Französisch, sondern auch Spanisch, Italienisch, Griechisch, Niederländisch und Russisch fließend; weitere Fremdsprachen kann sie lesen oder verstehen. Schon nach kurzer Zeit kommt sie in Kontakt mit der deutschen Friedensbewegung, die sich in erster Linie gegen den Vietnam-Krieg wendet. Sie wird eingeladen, auf Kundgebungen zu sprechen, ja, sie wird gewissermaßen zu einem »Zugpferd«, wenn sie mit dem Zusatz »einzige katholische Theologieprofessorin der Welt« oder »Tochter des Bundespräsidenten« angekündigt wird. Heinemanns Pressesprecher Geert Müller-Gerbes, der später als Fernsehmoderator Karriere macht, sieht dies keineswegs gern. »Mit ihm habe ich ständig Krach gehabt. Er wollte alle meine Reden und Veröffentlichungen vorher sehen. Das kam natürlich nicht in Frage«, empört sich URH noch heute.

6. Mai 1971 auf einer Kundgebung in Münster: »Ich spreche … insbesondere von Napalm. Ich spreche von den ermordeten Wehrlosen, den Alten, den Frauen, den Kindern. Die Napalmbombe brennt, so erfuhr ich vom Verteidigungsministerium, 10 bis 12 Minuten. Die Wahrheit ist, dass es Menschen sind, auf denen diese Masse brennt und die dann weiterbrennen, stundenlang qualmen. Wo ist die Stimme der Kirche in diesem Inferno? In der Tat, die Christen haben schon oft Gott zu dem ›Gott mit uns‹ … der freien Welt und der Antikommunisten gemacht. Darum sind die Amerikaner nach Kardinal Spellman ›Soldaten Christi‹, und jeder, der sich dagegen wendet, wird häufig genug als kommunistisch gesteuert verdächtigt … Ich meine, wir sollten die Kirchenführer auffordern, ihren Einfluss in der Welt aufzubieten, damit das Töten ein Ende findet. Wir sollten unsere Regierung auffordern, dass sie internationale Schritte unternimmt, um der Grausamkeit ein Ende zu bereiten, und wenn sie dazu nicht bereit ist, dann sollten wir eine bessere Regierung wollen. Die Toten von Vietnam sehen uns an, und in ihnen sieht Gott uns an.«

»Uta Ranke-Heinemann, die Theologin, will festhalten an Leidempfindlichkeit und Gerechtigkeitsvision«, schreibt H.D. Schütt in der Biografie-Reihe »Querköpfe«. »Die Pazifistin, die gegen das vertraute und missbrauchte Bild weiblich-christlicher Sanftmütigkeit anlebt, ist auch als Katholikin sokratische Sucherin zwischen den Religionen geblieben.« »Mein Evangelium ist die Gewaltlosigkeit, Politik interessiert mich nicht«, wehrt sie sich gegen den Vorwurf, sie habe zwar die Amerikaner wegen der Bomben auf Vietnam, nicht aber das kommunistische System als solches kritisiert. »Ich weiß, dass Bomben, die auf Menschen fallen, nie zu billigen sind. Das ist mein Kriterium. Ob im Vietnam-Krieg, im Golf-Krieg, in Jugoslawien oder im Irak – mein Evangelium bleibt die Gewaltlosigkeit. Für die Kirche waren manche Kriege geradezu gottgewollt. So wurden im Namen Gottes unzählige Menschen zur Schlachtbank geführt.«

Vietnam – seit 1959 hatte der Vietkong als Guerilla-Gruppe versucht, vom Norden des Landes aus die Regierung im Süden zu stürzen. Die Sowjetunion und China unterstützen den Norden, die Amerikaner und 40 andere Nationen den Süden mit der Hauptstadt Saigon. Aus dem Partisanenkrieg wird ein Bombenkrieg, als die Amerikaner 1965 etwa 200000 Soldaten schicken und die US-Airforce versucht, das Land aus der Luft in die Knie zu zwingen. 1968 steht bereits eine halbe Million US-Soldaten im Einsatz, ohne dass sich ein Sieg abzeichnet. Für beide Seiten endet der Krieg 1975 mit hohen Verlusten. Als am 30. April 1975 der letzte Amerikaner Saigon verlässt und der Krieg mit einem Sieg des Nordens endet, haben zwei Millionen Vietnamesen und 57685 Amerikaner ihr Leben verloren.

1972, als die Amerikaner wieder einmal versuchen, mit dem klebrigen und feurigen Napalm den Feind »auszuräuchern«, reist URH mit einer Friedensgruppe nach Nordvietnam. Kurze Zeit vorher hatte sie auf Einladung des sowjetischen Botschafters Valentin Falin drei Wochen »Bildungsurlaub« in Moskau und St. Petersburg verbracht. »Wilhelmine Lübke, die Witwe des früheren Bundespräsidenten, hatte mit 80 Jahren angefangen, Russisch zu lernen«, erinnert sich URH. »Was sie kann, kann ich auch, habe ich mir da gedacht und ebenfalls mit Russisch angefangen. Ich habe in jeder freien Minute gelernt oder russische Sender gehört. Nach einem Jahr konnte ich mich mit Falin bereits ohne größere Probleme in seiner Sprache unterhalten.«

In Vietnam wird die Gruppe von Premierminister Pham Van Dong empfangen. Nach dem Treffen richtet sie einen Appell an die Vereinigten Staaten, Napalm zu ächten und den Krieg zu beenden. URH nutzt ihre Stellung als Tochter des deutschen Bundespräsidenten, um dem Besuch internationale Beachtung zu sichern. In der Bundesrepublik dagegen werden die Teilnehmer wie üblich als »kommunistisch unterwandert« diffamiert. Es dauert noch ein Jahr, bis die Amerikaner tatsächlich den Rückzug einleiten.

In der westdeutschen Friedensbewegung ist URH stets eine gern gesehene Rednerin. Sie spricht auf einer Totengedenkfeier im ehemaligen NS-Lager Stukenbrock bei Bielefeld ebenso wie zum 30. Jahrestag der Vereinigung der Verfolgten des Nazi-Regimes. Je mehr sie sich mit Krieg und Kirche beschäftigt, desto größer wird ihr Zorn, wenn immer wieder von »gerechten Kriegen« oder »Soldaten Christi im Kampf gegen den Bolschewismus« die Rede ist. Bei der VVN-Feier 1977 in der Frankfurter Paulskirche nimmt sie kein Blatt mehr vor den Mund und wirft der Kirche vor, in der Nazizeit die Gläubigen im Stich gelassen zu haben. Zwar habe sie gegen das Verbrechen der Euthanasie protestiert, bei den Morden an Juden aber geschwiegen und allgemein sogar laute Kriegspropaganda getrieben. URH zögert nicht länger, Namen zu nennen: Erzbischof Lorenz Jäger von Paderborn (»fast zu Tieren entartete Russen«); Bischof Rackl von Eichstätt

(»Hitlers Krieg ein heiliger Feldzug für Heimat und Volk, für Glauben und Kirche, für Christus und sein hochheiliges Kreuz«); Kardinal Faulhaber von München (»das himmelschreiende Verbrechen des 20. Juli 1944 – persönliche Verehrung zum Führer«); Erzbischof Gröber von Freiburg (»hohe Verehrung und Wertschätzung« ausgerechnet für den Präsidenten des Volksgerichtshofs, Freisler) und schließlich Graf von Galen als Bischof von Münster. Trotz seines Widerstandes gegen die Euthanasie habe er Hitlers Kriege gutgeheißen und 1941 geschrieben: »Gott hat es zugelassen, dass das Vergeltungsschwert gegen England in unsere Hände gelegt wurde. Wir sind die Vollzieher seines gerechten göttlichen Willens.«

Da waren sie wieder, die Töne, die die Amtskirche von ihrer Professorin der Theologie gar nicht gerne hören wollte. Bereits 1976 war sie unliebsam aufgefallen, als sie in einer »Panorama«-Sendung allgemein gegen den »Sexualpessimismus« der katholischen Kirche polemisierte. Danach griff sie das Thema »Mischehe« auf und kritisierte die Verpflichtung des evangelischen Partners, Kinder aus dieser Ehe katholisch erziehen zu lassen. Dies widerspreche dem Sinn der Ökumene. Ihrem schwer kranken Vater, der an einer zunehmenden Verkalkung der Arterien und dadurch bedingten Durchblutungsstörungen litt, gefiel diese Stellungnahme sehr: »Uta hat mein Rebellenblut geerbt.« Kurze Zeit später starb Gustav Heinemann.

Noch im Todesjahr ihres Vaters hätte URH beinahe bereits ihren Lehrstuhl verloren. Anlass war Papst Paul VI. mit einer »Erklärung zu einigen Fragen der Sexualethik«.

Darin wandte er sich gegen die »Ehe ohne Trauschein« und insbesondere die »schwere Sünde der Onanie«. Der Masturbierende »geht der Liebe Gottes verlustig«, schreibt der Papst. »Die Masturbation ist schwere Schuld, auch wenn es nicht möglich ist, eindeutig zu belegen, dass die Hl. Schrift diese Sünde ausdrücklich als solche verwirft.« URH zählt auf, welcher Unsinn schon in den vergangenen Jahrhunderten zu diesem Thema geschrieben worden ist bis hin zu den schädlichen Folgen wie Blindheit, Taubheit und Rückenmarkschwindsucht als Strafe Gottes. Am meisten aber erregt die Kirchenoberen die beiläufige ironische Bemerkung, in Zweifelsfragen sei ja wohl das Wort des unfehlbaren Papstes immer wichtiger als die Hl. Schrift.

URH wird ins Generalvikariat nach Köln zitiert. In weiser Voraussicht nimmt sie ihre Mutter mit. Empfangen werden sie von Weihbischof Hubert Luthe, dem langjährigen Geheimsekretär des erblindeten Kardinals Frings und späteren Bischof von Essen. »Luthe und ein zweiter Junggeselle schämten sich derart, in Gegenwart meiner Mutter das Thema Onanie anzuschneiden, dass es überhaupt nicht angesprochen wurde. Wir diskutierten dann über Ehe ohne Trauschein, wobei ich auf das Kirchenrecht verwies und letztlich bei meiner Meinung blieb«, erzählt URH später. »1976 bin ich noch einmal ungeschoren davongekommen. Luthe wollte, dass ich eine Erklärung aufsetze, die wir gemeinsam unterschreiben sollten. Er und meine Mutter redeten unablässig auf mich ein nach dem Motto: Wir sind doch alle Christen. Ich habe mich geweigert und gesagt, das glaubt doch niemand, dass der Bischof eine Erklärung von Uta Ranke-Heinemann unterschreibt. In der Öffentlichkeit wird daraus doch gleich, ich hätte eine Erklärung des Bischofs unterschrieben. So haben wir es denn gelassen.« Hilda Heinemann, drei Jahre älter als ihr Mann, war schon damals von der Krebskrankheit gezeichnet. 1979 starb sie.

Kambodscha

Über den Verzicht auf eine Diskussion über das Thema Onanie war Weihbischof Luthe damals wahrscheinlich genauso froh wie URH. Obwohl sie Ende der siebziger und Anfang der achtziger Jahre verstärkt als Friedenskämpferin auftrat und in ihre Reden immer häufiger Spitzen gegen das Schweigen der Kirche zur Stationierung von Atomwaffen einbaute, konnte sie ihre Lehrtätigkeit zunächst ungehindert wahrnehmen. 1980 wurde sie sogar »befördert«, und zwar von der Pädagogischen Hochschule Neuss an die neue Universität Duisburg auf den Lehrstuhl für katholische Theologie.

Ein Grund war sicherlich, dass ihre Kritik immer sachlich begründet war. »Das meiste ist ja auch den Theologen durchaus bekannt, nur darf man nicht öffentlich darüber sprechen. Solange die Diskussion in geschlossenen Kreisen bleibt, ist selbst scharfe Kritik möglich, ohne dass man gleich um seine Existenz fürchten muss.« Ein anderer Grund war die Popularität, die URH inzwischen vor allem auch durch das Fernsehen und die 1973 entstandene neue Sendeform der Talkshow erreicht hatte. Überdies ging manches von dem, was URH tat, den Menschen in der »Wohlstandsgesellschaft« durchaus nahe.

So rief sie 1979 zu Spenden für Kambodscha auf, wo Pol Pot 1975 die »Kulturrevolution« eingeleitet und allen Besitz, Bücher, Kunst, Wissenschaft, Medizin, Technik und Religion abgeschafft hatte. Fast die Hälfte der Einwohner wurde umgebracht, ehe die Vietnamesen 1979 einmarschierten und der Schreckensherrschaft ein Ende bereiteten. Mit Unterstützung durch die DDR-Behörden chartert die Hilfsaktion Vietnam mit Sitz in Düsseldorf eine Iljuschin-Transportmaschine, um für eine halbe Millionen Mark Medikamente nach Kambodscha zu bringen. Burma, Laos, Hanoi, Saigon, Phnom Penh sind die Stationen einer abenteuerlichen Reise, über die der »Spiegel« erschütternde Einträge aus dem Tagebuch von URH veröffentlicht.

Es sind Geschichten darüber, wie ganze Familien, die der Intelligenzschicht angehörten, ausgerottet wurden, Brillenträger zuerst; Geschichten von grausamen Soldaten, die kleine Kinder wie im Spiel in die Luft warfen, bis sie vor Freude jauchzten, um sie dann mit ihren tödlichen Bajonetten aufzufangen und aufzuspießen; von 82 000 Mönchen, von denen nur 5 000 das von den Amerikanern gestützte

Pol-Pot-Regime überlebt haben; von einer Fahrt zu einer alten Pagode, die den Roten Khmer als Hinrichtungsstätte diente und auf deren Stufen noch schätzungsweise 1000 bis 1500 halb verweste Leichen lagen.

Uta Ranke-Heinemann, die Theologin, macht in diesen Jahren eine weitere Häutung durch. Ihre Kirche ächtet nicht den Krieg, sondern spricht sogar von »Soldaten Christi« und von »moralisch vertretbar«, wenn sich der Kampf gegen »Gottlose« richtet. Die gleiche Kirche aber beschäftigt sich in diesen Jahren der Kriege und des drohenden Atomtodes in erster Linie mit dem ungeborenen Leben: mit Empfängnisverhütung durch Pille oder Kondom, mit Abtreibung, mit Onanie, mit Homosexualität, mit Mischehe, mit Ehe ohne Trauschein, mit der Bekräftigung des Dogmas von der Jungfräulichkeit Marias und mit dem Zölibat. Irgendwann dämmert es URH, und sie bringt den Schutz des menschlichen Lebens auf die einfache Formel: Je ungeborener, desto geschützter. Das aber, denkt sie, darf doch nicht wahr sein. Sie beginnt damit, alle aktuellen Dokumente zu sammeln und in den Bibliotheken alles zu sichten, was von den Kirchenvätern und anderen zum Thema Sexualität geschrieben worden ist. »Dass dabei fast 2000 Jahre Sexualfeindlichkeit, Frauenfeindlichkeit und Menschenfeindlichkeit herauskommen würden, habe ich damals noch nicht geahnt. Aber ich hatte durchaus schon das dumpfe Gefühl, dass mehr dahinter steckt, wenn sich die Theologen so intensiv um Marias Hymen kümmern und sie so lautstark als reine Magd preisen. Das konnte zum Beispiel für Frauen nichts Gutes bedeuten.«

URH kümmert sich zunächst aber um den Papst. Ihr hat er es zu verdanken, dass er in das Bewusstsein der deutschen Bevölkerung damals nicht als heiliger, sondern als teurer Vater eingeht, denn UHR empört sich im »Stern« u.a. über die Kosten des Papstbesuchs von 1980 in der Bundesrepublik: »Dazu bedarf es hier nicht der gigantischen Fassade und der 20 Millionen Mark Pilgerreisekosten ... Brot und Spiele verlangten die Menschen aller Zeiten ... Jetzt wird ihnen der Papst als unübersehbares Schauspiel geboten: im Flutlicht am helllichten Tag für 136000 Mark angestrahlt zur Lichtgestalt, am Riesenaltar für 300000 Mark. Die Herde ist im Begriff, sich das Erhabenste und Teuerste zu leisten, den Hirten selbst zu konsumieren – vor dem Butzweiler Riesenkreuz von 35 Meter Höhe. Wer mir nachfolgen will, nehme sein Kreuz auf sich. Wenn das Spektakel vorbei ist, bleibt das

Kreuz verwaist zurück. Und niemand nimmt es auf sich außer der Steuerzahler.«

Der deutsche Episkopat ist empört. Kritik an den Ausgaben für den Stellvertreter Gottes auf Erden – ungeheuerlich. Doch URH setzt noch eins drauf, indem sie darauf verweist, dass Johannes Paul II. ja in das Land Martin Luthers kommt. Für den Widerruf des Satzes, dass die Ketzerverbrennung gegen den Willen des Heiligen Geistes geschehe, habe Luther von dem damaligen Papst Leo X. am 15. Juni 1520 eine Frist von 60 Tagen gesetzt bekommen. »Wenn der Papst nach Deutschland kommt, haben die Päpste 460 Jahre und 153 Tage Zeit gehabt, über Luthers Satz nachzudenken und darüber, ob sie ihm nicht eine Ehrenerklärung schulden.« Eine weitere Ungeheuerlichkeit aus dem Mund der katholischen Theologin. Allerdings: Zwei Jahrzehnte später bittet der Papst tatsächlich um Vergebung für Taten, die in der Vergangenheit von Menschen im Namen der Kirche begangen wurden – man beachte: im Namen der Kirche und nicht etwa von der Kirche. Aber immerhin.

Trotz allem bekommt URH wegen ihrer Reden und Veröffentlichungen noch kein kirchliches Verfahren an den Hals. Das Spiel mit Zuckerbrot und Peitsche beherrscht sie mittlerweile meisterhaft. Ab und zu gewährt sie dem geprügelten Episkopat und Vatikan eine Atempause, indem sie darauf verweist, dass es auch anders geht. Dann führt sie gern die Enzyklika »Pacem in terris« aus dem Jahr 1963 von Papst Johannes XXIII. an: »Wir sehen nicht ohne Schmerz, dass in den wirtschaftlich gut entwickelten Staaten ungeheure Kriegsrüstungen geschaffen werden … Deshalb fordern Gerechtigkeit, gesunde Vernunft und Achtung der Menschenwürde dringend, dass der allgemeine Rüstungswettlauf aufhört, … dass Atomwaffen verboten werden und dass endlich alle durch Vereinbarung zu einer entsprechenden Abrüstung mit wirksamer gegenseitiger Kontrolle gelangen.« Friede auf Erden, das ist das Ziel, für das sich URH fortan verstärkt einsetzt.

Friedensbewegt

Vielleicht wäre das Leben von URH ganz anders verlaufen, wenn Johannes XXIII. nicht so früh gestorben wäre oder auf den »Stuhl Petri« Nachfolger gekommen wären, die in seinem Sinne Gott auf Erden vertreten hätten – eine müßige Fragestellung. »Pillen-Paul« und »die polnische Kartoffel Wojtyla« mussten zwangsläufig auf den Widerspruch der Theologin stoßen, die sich wie niemand anders so intensiv einerseits mit der Moraltheologie und andererseits mit dem Friedensgebot des christlichen Glaubens beschäftigt hat. In den 80er Jahren des vorigen Jahrhunderts widmet sie sich beiden Themenkreisen gleichermaßen intensiv wie radikal.

1981 ist sie Gastrednerin in einem Arbeitskreis auf dem 19. Evangelischen Kirchentag in Hamburg. »Selig sind die Friedenschaffenden!«, ruft sie den Teilnehmern zu. Die Debatte über die Stationierung von Atomwaffen in der Bundesrepublik unter Kanzler Helmut Schmidt ist auf dem Höhepunkt angelangt. »Weil Christus kein Killer ist, haben die Apostel des Overkills mit seinem Evangelium nichts zu tun … Sie berufen sich jetzt auf ihr Gewissen … und geben damit ihrem Handeln den Mantel eines religiös-moralischen Bewusstseins, den Weihrauch eines neuen Glaubens. Unser Land mit Raketen voll zu stellen … ist nicht ein Akt der Freiheit, sondern der Tyrannei.«

Die Radikal-Pazifistin fährt im gleichen Jahr mit einer Gruppe der Friedensbewegung nach Moskau. In perfektem Russisch trägt sie im Kreml die Forderung nach einer »umfassenden Null-Lösung für die Atomwaffen aller Länder« vor. Auf der mit 250 000 Teilnehmern größten Friedensdemonstration, die die Bundesrepublik bis dahin je erlebt hat, muss sie sich am 10. Oktober 1981 in Bonn verteidigen: »Die maßgeblichen Politiker … sagen, die, die Frieden ohne Bomben vertreten, sind von Moskau ferngesteuert … Wenn ich an die Opfer jener ersten Bomben und die unendlich große Zahl der Opfer der kommenden Bomben denke und mir die Tränen in die Augen treten wollen, dann dränge ich sie zurück, weil ich Angst habe, noch meine Tränen könnten von Moskau ferngesteuert sein … Wir aber wollen den Völkern den Frieden erklären, um nicht miteinander zu sterben, sondern miteinander zu leben.«

Gut einen Monat später spricht URH in der Dortmunder Westfalenhalle. Sie verteidigt eine gute Bekannte und Weggenossin ihres

Vaters, Bundesfamilienministerin Antje Huber aus Essen. Sie hatte in einer Kabinettssitzung die Befürchtung geäußert, dass Deutschland Schauplatz eines atomaren Stellvertreterkrieges werden könnte. Schmidt hatte sie angefaucht, er dulde nicht, dass sich ein Kabinettsmitglied derart emotional äußere. URH ging in der Westfalenhalle den Kanzler direkt an: »Mit solchen Unterdrückern ist uns nicht geholfen. Ich danke Frau Huber für diese ihre Sorge, denn auf Menschen mit menschlichen Gefühlen sind wir angewiesen. Und in mancher Leute Gefühl ist mehr Verstand als in mancher Leute Hirn.« Das saß.

Auf dem Parteitag der SPD 1982 in München appelliert sie an die Partei ihres Vaters: »Vielleicht ist es noch nicht zu spät. Viele in der SPD haben noch ein Gewissen für das, was sie wieder werden kann. Möglicherweise ... ist es töricht, noch irgendetwas von einem Parteitag der SPD zu erhoffen. Aber eine solche Hoffnung ist immer noch menschlicher als irgendeine Hoffnung auf Raketen.«

Ende 1982 polemisiert URH in der ZEIT gegen die Haltung der katholischen Kirche zur Empfängnisverhütung. Sie erinnert daran, dass der Vatikan und die Nazis gleichermaßen den 1926 erschienenen Ratgeber »Die vollkommene Ehe« des holländischen Frauenarztes van der Velde als »schmutzig« verboten haben. »Van der Velde wollte Abwechslung in die ehelichen Schlafzimmer bringen ... Da hatte er sich gründlich geirrt. Sexualpessimismus und Lustfeindlichkeit der katholischen Sexualmoral verbieten ein solches Werk über den intimen Freiheitsraum der Ehegatten, den total zu verwalten und zu verplanen zölibatäre Aufpasser für die wesentliche Aufgabe der Kirche halten ... Die Kirche konzentriert sich seit seinem Buch auf ihr Empfängnisverhütungsverbot, in welchem sie mit ihrer alten Lustfeindlichkeit unbeirrbar und unbelehrbar die eigentlichen Fragen und Leiden der Menschheit übertönt.«

1983 avanciert URH zur Kultfigur der emanzipierten deutschen Homosexuellen. In einer Fernseh-Talkshow hatte sie bereits gemeinsam mit dem Filmemacher Rosa von Praunheim zu diesem Thema Stellung bezogen. Jetzt wird sie von ihrem unmittelbaren Hausnachbarn Michael Föster, Herausgeber der Homo-Zeitschrift »torso«, zu einem Interview eingeladen. URH erläutert die Lehre der Kirche: »Es ist eine nicht so schwere Sünde, seine Mutter zu vergewaltigen, als eine Empfängnis zu verhüten oder sich homosexuell zu verhalten.« – Frage: Da muss man aber doch fragen, was heißt hier Natur, was natürlich, was widernatürlich? – »Natürlich und innerhalb der Natur im Sexualbereich ist nach katholischer Auffassung alles, was die Zeugung ermöglicht bzw. nicht ausschließt. Da man mit seiner Mutter Kinder zeugen kann, ist das weniger schlimm, als wenn man mit seiner Frau Verkehr hat, der keine Empfängnis ermöglicht ... Und als ebenso schlimm und in die gleiche Gruppe gehörend gilt die Homosexualität.« – Frage: Als Theologieprofessorin sind Sie natürlich kein Beichtvater. Was aber können Sie denen raten, die als Homosexuelle im Dauerkonflikt mit ihrer Kirche und ihrem Gewissen nicht klar kommen? – »Ich meine: Wer viel fragt, kriegt viele Antworten ... Auf dem Gebiet der Sexualethik werden Männer und Frauen, und das können sich auch die Homosexuellen hinter die Ohren schreiben, in Unmündigkeit gehalten, d. h. sie halten sich selbst in dieser Unmündigkeit. Sie sollen sich nicht ... von der Kirche einen Freiraum erwarten, sie sollen ihn sich selbstverantwortlich nehmen ... Wenn man bei allen Lebensfragen Rat bei alten zölibatären Herren sucht – dabei kommt doch nichts rum, das kann man sich sparen.«

Die gebildete deutsche Homo-Szene ist begeistert. Die Kirche schweigt, obwohl man »torso« gelesen hat. Die geistlichen Herren brauchten sich die Zeitschrift nicht einmal selber zu kaufen, sondern viele Priester und auch Bischöfe bekamen sie zugeschickt vom Arbeitskreis HuK – Homosexuelle und Kirche, den es damals noch in vielen Städten gab. Heute existieren solche Selbsthilfegruppen nur noch in wenigen Orten. Die Schwulen, wie sie sich selbstbewusst nennen, haben weitgehend den Rat von URH von 1983 befolgt und sich ihre Freiräume erobert. Und nicht wenige Priester gehen inzwischen ebenso selbstbewusst, wenn auch mit der notwendigen Diskretion mit ihrer eigenen Veranlagung um.

URH hat bei der Beschäftigung mit diesen Themen reichlich Quellen studiert und sich viele Notizen gemacht. Vieles ist so komisch, dass es mal gründlich in seiner Gesamtheit der Lächerlichkeit preisgegeben werden müsste, denkt sie manchmal bei der Lektüre. Sie beschließt, Material zu sammeln, vielleicht wird später daraus ein Buch. Die Notizen beginnen bereits bei Plinius dem Jüngeren († 79 n. Chr.), der den »keuschen Elefanten« lobt, weil er angeblich nur alle zwei Jahre zwecks Nachwuchszeugung Geschlechtsverkehr hat. URH stellt fest, dass Plinius, »der Grzimek der Antike«, und sein keuscher Elefant die Fantasie der Kirchenväter beflügeln, bei Augustinus († 430 n. Chr.) ebenso wie bei Thomas von Aquin († 1274 n. Chr.), der die heutige Moraltheologie maßgeblich beeinflusst hat. Der keusche Elefant als Vorbild für das fromme katholische Ehepaar – wenn das keine Lachnummer wird …

Von nun an wird im Hause Ranke-Heinemann weiterer Platz freigeräumt. Neben den Dokumenten über Aufrüstung und Kriegsgefahr lagern jetzt neue Stapel zum Thema »Sex und Kirche«. In Bonn heißt der Kanzler inzwischen nicht mehr Schmidt, sondern Kohl. Im Herbst 1983 stimmt der Bundestag der Stationierung amerikanischer Raketen auf dem Gebiet der Bundesrepublik zu. »Dies ist ein gerader Kurs zur Hölle«, empört sich URH und sagt ohne Zögern zu, als im März 1984 in Bonn eine »Friedensliste« gegründet wird. »Wenn wir die brennende Lunte nicht löschen, wird die ganze Erde ihr Opfer sein«, ruft URH den Teilnehmern des Gründungskongresses zu. Die »Friedensliste« besteht aus unabhängigen Initiativen, aus Funktionären der Deutschen Kommunistischen Partei, aber z. B. auch aus den ehemaligen SPD-Bundestagsabgeordneten Hansen und Coppik, die wegen ihres Einsatzes gegen die Raketenstationierung aus der Partei ausgeschlossen worden waren. Die neue Gruppierung beteiligt sich an der Europawahl 1984 und scheitert. URH, die auf zahlreichen Kundgebungen im gesamten Bundesgebiet aufgetreten war, wird ein Jahr später als Spitzenkandidatin der »Friedensliste« für die Landtagswahl in Nordrhein-Westfalen aufgestellt. Das Wahlergebnis von 0,7 Prozent ist zwar enttäuschend, ändert aber nichts daran, dass URH weiterhin der Friedensbewegung verbunden bleibt. Mehr Zeit widmet sie allerdings jetzt dem Thema Sexualethik – und steuert damit zielsicher auf die berufliche Beinahe-Katastrophe zu.

Galgenfrist

Die »Amtskirche«, wie sie von kritischen Christen gern genannt wird, beobachtet das Treiben der Theologin Professor Dr. Uta Ranke-Heinemann immer noch mit relativem Wohlwollen. Ruhrbischof Dr. Franz Hengsbach, seit 1957 an der Spitze des neu gebildeten Bistums Essen, konservativ und papsttreu, beruft sie erstaunlicherweise 1985 auf den Lehrstuhl für katholische Theologie – Neues Testament und Alte Kirchengeschichte – an der Universität/Gesamthochschule Essen. Innerlich ist er zwar nach wie vor davon überzeugt, dass eine Frau in die Küche und zu den Kindern und nicht auf einen Lehrstuhl für Theologie gehört, aber immerhin war diese Frau ja unter großen eigenen Schmerzen vom evangelischen zum katholischen Glauben konvertiert. Da konnte man schon mal ein Auge zudrücken, zumal man im Ruhrgebiet ohnehin nicht jedes Wort auf die Goldwaage legt und das Bistum Essen ja auch aus einem Teil des Erzbistums Köln gebildet worden war, wo man gerne bei Problemen die »rheinische Lösung« anwendet und auch sonst nach der Devise »Leben und leben lassen« handelt.

Natürlich hatte sich Bischof Hengsbach, der 1988 zum Kardinal ernannt wurde, mehrfach über die Attacken von URH auf den Papst geärgert, mit dem er freundschaftlich verbunden war. Wenige Tage, bevor er 1978 im römischen Konklave zum Papst gewählt wurde, hatte Karol Wojtyla, der Kardinal von Krakau, seinen Amtsbruder in Essen besucht. Hengsbach hatte als Kaplan in Herne in der Nazizeit demonstrativ Polnisch gelernt und in der Bergmannsseelsorge auch polnisch gesprochen. Nach dem Krieg war er der erste deutsche Kirchenfürst, der für eine Aussöhnung mit Polen eintrat. Im polnischen Episkopat genoss er hohes Ansehen, und dies besonders nach 1978, denn Hengsbach dürfte dem Polen Wojtyla die entscheidenden Stimmen der deutschen und lateinamerikanischen Bischöfe verschafft haben. Unter seinem Vorsitz arbeitet von Essen aus die Aktion Adveniat, die Jahr für Jahr zu Weihnachten in den deutschen Kirchen Millionenbeträge für die Seelsorge in Lateinamerika sammelt. Hengsbach also ließ URH gewähren, vielleicht auch deshalb, weil die Kirche bei Maßnahmen gegen die mittlerweile bestens bekannte Theologin noch mehr ins Gerede gekommen wäre.

Diese Überlegung hat wahrscheinlich auch eine Rolle im Hinblick auf das Thema »Zölibat und Homosexualität« gespielt, zu dem sich URH jetzt immer häufiger äußert. Auch in diesem Fall, so mag sich Hengsbach gedacht haben, ist Stillschweigen immer noch besser als Handeln, zumal es im örtlichen Klerus und in seiner unmittelbaren Umgebung durchaus etliche Priester gab, die in homosexuellen Beziehungen lebten. Und was war eigentlich Jahre später in den Papst gefahren? Der hatte 1992 in seinem neuen »Weltkatechismus« zunächst Homosexualität als wider die Natur und somit als schwere Sünde abgelehnt, ein paar Zeilen weiter aber wohl gemerkt, dass er damit seine nächste Umgebung vor den Kopf stieß, und plötzlich das Hohelied auf die »keuschen Homosexuellen« angestimmt: »Sie haben diese Veranlagung nicht selbst gewählt. Man hüte sich, sie in irgendeiner Weise ungerecht zurückzusetzen … Die Schwierigkeiten, die ihnen aus ihrer Veranlagung erwachsen können, mögen sie mit dem Kreuzesopfer des Herrn vereinen.« Gelobt werden dann die »Tugenden der Selbstbeherrschung«, empfohlen »das Gebet und die sakramentale Gnade«. Ideale Voraussetzungen für Kloster und Zölibat: »Homosexuelle Menschen sind zur Keuschheit berufen.« Dieser Papst-Satz verleitet URH Jahre später zu der spitzen Bemerkung, viele Priester hätten offensichtlich ihre Homosexualität mit göttlicher Berufung verwechselt … Wie dem auch sei, noch darf sie jedenfalls ungestraft vom Katheder aus in der inzwischen von mehr als 20 000 Studenten besuchten Uni Essen lehren.

Vielleicht hat aber auch ein weiterer Kirchenfürst ohne sein Wissen dazu beigetragen, dass URH jahrelang trotz schwerster Attacken auf den Vatikan und seine »Hirten« unbehelligt blieb: Der polnische Primas Kardinal Josef Glemp. URH nennt ihn ihren »Cousin«. In der Tat war Glemp ein Cousin von Edmund Ranke, denn beider Mütter waren Schwestern. Jedes Mal, wenn er in Essen bei Ruhrbischof Hengsbach zu Gast war, stattete Glemp auch der Familie Ranke-Heinemann einen Besuch ab. Er war, erzählt URH, in höchstem Maße stolz auf seine »Cousine«, seit sie zum Katholizismus übergetreten war und dann auch noch Karriere als Theologin gemacht hatte. Hengsbach kannte diese verwandtschaftlichen Beziehungen und hat vielleicht auch deshalb gezögert, gegen URH vorzugehen.

Die wiederum entdeckt ihre Begabung als Autorin. Immer wieder bekommt sie Anfragen von Radiosendern im In- und Ausland, regelmäßig schreibt sie für die ZEIT, den SPIEGEL, die »Münchner Abendzeitung«, für Fachzeitschriften und Anthologien über ihre Fachgebiete und allgemein zu allen Themen der Zeit: Sexualität, Selbsttötung, Abtreibung, Umweltschutz, Sterbehilfe oder den Teufel samt seiner Großmutter. Die Radiostationen haben längst das Telefon für Live-Interviews entdeckt, jeder Fernsehsender richtet eine »Talk-Show« ein. Im WDR-Studio Essen ist URH ein häufiger Gast für Live-Schaltungen und Aufzeichnungen, die auch ins Ausland überspielt werden, wobei sie vor allem italienische und spanische Sender in der jeweiligen Landessprache bedient. In der Technik und in der Redaktion achten später, als es kriselt, die Sekretärinnen darauf, dass URH im Studio nicht mit Bischof Hengsbach zusammentrifft, wenn die Morgenandachten mit dem Ruhrbischof aufgenommen werden.

In Spanien hält URH einen Aufsehen erregenden Vortrag vor der Theologischen Fakultät der Universität Madrid über »Frauen in der Männerkirche«. Obwohl sie sich mit Johannes Paul II. aufs Schärfste anlegt, der eben erst die vor kurzem zugelassenen Messdienerinnen wieder von den Altären vertrieben hat, bekommt sie frenetischen Beifall. So auch bei der Geschichte von der »transsexuellen Umwandlung« einer Frau mit Namen Junia, die von Paulus als »hervorragend unter den Aposteln« bezeichnet, später aber von der »Männerkirche« zum Mann mit Namen Junias umfunktioniert wird. Beifall auch bei folgenden Sätzen: »Was es in der Welt an Männlichkeitswahn und männlicher Dummheit gibt, gibt es vermehrt in der Kirche und wird hier noch religiös überhöht als angeblich gottgewollte Ordnung. Allen Frauen, die leiden, und allen Frauen, die lachen, sei aber gesagt, dass durch den trüben Glanz klerikaler Glorie hindurch die Nähe des eigentlichen Herrn dieser Kirche eben in dieser Kirche deutlich werden kann – wenn man sie sehen will. Und dieser Herr ist hinter allen Herren der Kirche der Trost aller Frauen für immer.«

Starker Tobak, aber immerhin steht URH bei aller Kritik noch fest auf dem Boden des Glaubens. Noch. Das wird sich bald ändern.

Die reine Magd

Bis etwa Mitte der achtziger Jahre und somit drei Jahrzehnte nach ihrem Übertritt zum katholischen Glauben hat URH Grundfragen der katholischen Lehre nicht in Zweifel gezogen. Im Jahr 2002, als sie sich nahezu vollständig von allem gelöst hat, was Christen zu glauben haben, wundert sie sich über sich selbst: »Ich muss alle Erfahrungen selber machen. Da dauert eine solche Abnabelung ungeheuer lange. Es hängt auch mit meiner Gründlichkeit zusammen, alles muss ich bis in den letzten Winkel hinein ausleuchten.«

– »Aber wieso 30 Jahre? Hätten Ihnen nicht schon beim Studium der evangelischen Theologie Zweifel kommen müssen?«, frage ich. »Die Bibel ein wunderschönes Märchenbuch – das hätten Sie doch schon bei Rudolf Bultmann merken müssen, in dessen Haus sie gewohnt haben und der doch ganz deutlich mit einem naturwissenschaftlichen Ansatz an die so genannte Heilige Schrift herangegangen ist.«

»Bultmann wollte zwar den Glauben entmythologisieren, aber er wollte, auch wenn es seinem Verstand zuwider läuft, das Christentum nicht abschaffen. Bei mir kommt hinzu, dass ich mein Christentum von zwei geliebten Menschen empfangen habe, von meiner Mutter und meinem Vater. Wenn man es zum Beispiel in der Schule erworben hat, vielleicht sogar von einem ungeliebten Lehrer oder Pfarrer, dann kann man es sicherlich leichter abstreifen. Was mein Vater und meine Mutter gesagt haben, das war für mich immer von großer Bedeutung, davon trennt man sich nicht so schnell.«

- »Spielt bei dieser verzögerten Trennung von den überlieferten und selbst erworbenen Ansichten vielleicht auch eine Rolle, dass man im hintersten Winkel seines Herzens doch noch Angst empfindet, man könnte auf dem falschen Weg sein und dafür von Gott bestraft werden, dafür in die Hölle kommen, um es mal banal auszudrücken?«

»Das nicht, ganz abgesehen davon, dass ich ja die Hölle abgeschafft habe. Aber als ich ernsthaft zu zweifeln anfing, war mir von Anfang an bewusst, dass ich viel verlieren würde. Mit dem Christentum waren so viele schöne Erinnerungen verbunden. Heute ist der erste Advent 2002. Als ich am frühen Morgen wach wurde und mir dies einfiel, da musste ich weinen. Alles war plötzlich wieder da – die Familie um den Adventskranz mit der ersten brennenden Kerze, der Duft des Wachses und des Tannengrüns, sogar das Gebäck habe ich zusammen mit meinen Tränen auf der Zunge geschmeckt. Weihnachten, Lichterglanz – das alles würde ich verlieren, das war mir schlagartig klar geworden.«

– »Sie haben den Schritt vollzogen. Können Sie sich vorstellen, dass Sie diese Entscheidung bereuen?«

»Nein. Heute bin ich froh, dass mein Urteil nicht durch diese sentimentale Anhänglichkeit getrübt worden ist. Natürlich hätte ich viel früher merken müssen, dass ich vom Regen in die Traufe gekommen war. Aber ich habe bei jedem Zweifel immer wieder die Quellen studiert, manche Texte habe ich zehnmal gelesen, zum Beispiel die unterschiedlich alten Ausgaben der Encyclopaedia Britannica verglichen. Alles hat mir doch viel bedeutet, ich wollte nichts leichtfertig aufgeben. Nur: Wenn ich heute abends im italienischen Telepace-Fernsehen diesen Papst in seiner ganzen Pracht sehe, der nur noch murmeln kann und dem die Gläubigen die Hand küssen, dann weiß ich, dass ich mich richtig entschieden habe. Dann könnte ich explodieren, denn so etwas hat Jesus bestimmt nicht gewollt, einen Vatikanstaat mit allem Prunk und einem alten kranken Menschen, der von sich glaubt, er sei Gott auf Erden und das Maß aller Dinge.«

– »Jetzt werden Sie aber ganz schön zornig, und das mit 75 Jahren!«

»Na und? Wenn man das sieht, auch die Kirchen in ihrer Schönheit, dann muss man als Mensch mit gesundem Verstand doch sofort begreifen, dass dies alles mit dem Glauben an Gott nichts zu tun hat, sondern nur weltliche Machtdarstellung ist. Wenn man dann noch aus der Kirchengeschichte weiß, wie verbrecherisch manche Kirchenfürsten gehandelt haben, wie sie Andersgläubige oder Konkurrenten verbrennen oder auf andere Weise umbringen ließen, um zum Beispiel selber Bischof oder Papst zu werden, dann fällt einem das Urteil doch wieder recht leicht. Für mich sind immer die Guten, die Frommen, die schlimmsten: die streng Gläubigen und die Fanatiker. Sie schaffen nur Unheil.«

Hellhörig geworden ist URH, als sie schon bei den Kirchenvätern eine, wie sie fand, unnatürliche Frauenmissachtung entdeckte; als sie immer häufiger Beispiele für die Duldung »gerechter Kriege« durch die Kirche fand; als sie auf keinen Fall einsehen wollte, dass Kinder zur Beichte gehen sollten, obwohl sie für Schuld noch gar nicht mündig waren. In allen ihren Reden, Vorträgen und Lehrveranstaltungen baute sie immer wieder Seitenhiebe ein. Theologische Glaubensgrundsätze erschienen ihr zwar manchmal unverständlich, doch war dies lange Zeit noch kein Grund, sie in Frage zu stellen.

»Ich habe mich immer wieder gefragt, warum ausgerechnet ich immer die kritischen Fragen stellen musste. Es hat mich in Erstaunen versetzt, dass so intelligente Leute wie Ratzinger und Rahner über bestimmte Stellen und Widersprüche nicht genau so gestolpert sind wie ich. Das hat mich doch sehr befremdet.«

In dem 1968 mit kirchlicher Druckerlaubnis erschienenen Band »Christentum für Gläubige und Ungläubige« lotet sie z. B. vorsichtig aus, wie weit sie gehen kann. Jesus ist Gottes Sohn, er ist Gott, war aber als Mensch auf der Erde. So ist die katholische Lehre. URH ist davon nicht länger überzeugt. Gottes Sohn? Gottessohn ja, so wie man sagt, jeder Mensch ist ein Gottessohn (wobei sie sich schon wieder ärgern muss, weil die weibliche Form Gottestochter ungebräuchlich ist). URH glaubt nicht daran, dass Jesus Gott ist. Vorsichtig schreibt sie: »Die Geschichte des Menschen Jesus von Nazareth mit Gott war die Geschichte eines ganzen Lebens, eines menschlichen Lebens, und wir verkürzen diese Geschichte und machen sie undeutlich und unverständlich, wenn wir glauben, mit der Formel des Gottesmenschen, die uns so leicht von den Lippen geht, schon etwas begriffen zu haben. Jesus von Nazareth war ein Mensch … Wenn wir an ihn glauben, sollten wir zuallererst glauben, dass er ein Mensch war.«

Die kirchlichen Zensoren haben diesen nicht einfach zu verstehenden Text offensichtlich nicht gründlich genug gelesen. Streit unter hochgelehrten Theologen, das gibt es doch oft. Die römische Kirche kann vieles verkraften. URH wagt sich noch etwas mehr aus der Deckung heraus und widerspricht ihrem Doktorvater Karl Rahner, der Jesus den »in Menschengestalt an uns handelnden Gott« genannt hatte. Auch diesmal stolpert bei der Lektüre noch niemand im Generalvikariat. »In der wissenschaftlichen Diskussion kann man fast alles behaupten, da sind die gar nicht so pingelig, nur darf man es nicht allgemein verständlich und öffentlich sagen, schon gar nicht im Fernsehen«, sagt URH später einmal. »Von der Oberin eines bedeutenden Ordens habe ich vor Jahren einen bösen Brief bekommen, in dem sie beklagt, ich hätte einen Streit unter Theologen in das einfache Volk getragen. Einfache Menschen würden dadurch nur verunsichert. Sie können sich vielleicht denken, was ich zurück geschrieben habe.«

Genau das sehen die lokalen Kirchenfürsten nicht gern, dass sie Kritisches im Fernsehen sagt. URH nimmt Mahnungen nicht zur Kenntnis und findet gleich einen willkommenen Anlass. Der Papst will im Frühling 1987 zum zweiten Mal Deutschland besuchen und u.a. in den Marien-Wallfahrtsort Kevelaer am Niederrhein kommen. URH hat sich über diesen Johannes Paul II. in der letzten Zeit mehrfach geärgert, so über sein Verbot von Mädchen als Messdienerinnen und über die Seligsprechung der Nonne Edith Stein, die von den Nazis umgebracht wurde, obwohl sie als Jüdin zum katholischen Glauben übergetreten war. Edith Stein gebühre alle Hochachtung, aber sie werde jetzt als Märtyrerin missbraucht. So habe sie die Kristallnacht 1938 als die »Erfüllung des Fluches über dem jüdischen Volk« und ihren eigenen Tod als »Sühne für den Unglauben der Juden« betrachtet. Damit sei diese unglückliche Nonne »ein verirrtes und verwirrtes Opfer Jahrtausende alter katholischer antijudaistischer Demagogik« geworden, und der Papst habe mit ihrer Seligsprechung die Juden ins Gesicht geschlagen.

Doch es ist nicht diese Papstkritik, deretwegen sie in Kürze ihren Lehrstuhl verlieren wird. Der Gegenstand aller Aufregung wird im Bertelsmann-Universallexikon so beschrieben: »Hymen (das; griechisch) Jungfernhäutchen, eine ring- oder sichelförmige Schleimhautfalte, die den Scheidenausgang des Mädchens nach außen hin verengt. Sie wird durch den Geschlechtsverkehr zerstört und bildet sich zu narbigen Resten zurück. Nur beim Menschen und Menschenaffen.«

Geneigte Leserinnen und Leser werden es bereits erraten haben: Es geht um den Scheidenausgang der »Gottesmutter« Maria. Wie singt die deutsche Christenheit zu Weihnachten, wenn die Orgel das Lied von der entsprungenen Ros‹ anstimmt und Millionen Kinder fälschlicherweise in der Kirche an ein Pferd denken? Man singt: »Aus Gottes ew'gem Rat/hat sie ein Kind geboren/und blieb doch reine Magd.«

Jungfrau Maria.

Viel Unsinn auf einmal

Maria Jungfrau auch nach der Geburt des »Gottessohnes« Jesus? Oder nur eine junge Frau, aus der durch Absicht oder einen Übersetzungsfehler im Laufe der Jahrhunderte eine Jungfrau geworden ist? Im November 2002 empfängt mich URH schon an der Haustür mit einem Wortschwall im besten Ruhrgebietsdeutsch: »Dat hälts du doch im Kopp nich aus, gezz is der Papst mit Maria aber so richtig am Überschnappen dran.« Aha, URH hat wieder zu lange Telepace gesehen, den italienischen Fernsehkanal. »Da waren laufend Andachten über Maria. Maria hier, Maria da, als ob es gar nichts Anderes gäbe. Sie ist schon fast wie Gott. Und jedesmal murmelt der Papst, ›he causes his usual noise‹, hat Time Europe geschrieben, er bringt schon wieder sein übliches Geräusch hervor.«

Mit Maria hat URH nach eigenen Aussagen von Anfang an Schwierigkeiten gehabt. »Für mich ist sie eine großartige Frau und die Mutter Jesu, natürlich nicht Mutter Gottes. Sie musste das Leid seiner Kreuzigung ertragen – welch ein Unfug, wenn es von ihr heißt, sie habe freudig unter dem Kreuz gestanden, an dem ihr Sohn hing. Keine Mutter freut sich in einer solchen Situation, auch nicht im Vorgriff auf eine dadurch bewirkte Erlösung. In der Marien-Enzyklika von 1987 schreibt dieser Papst, Maria habe der Hinrichtung in mütterlichem Geist liebevoll zugestimmt. Woher auch sollen Kirchenmänner Ahnung vom mütterlichen Geist haben? Da stimmt doch was nicht, das habe ich schon bald nach meiner Konversion vermutet. Wieso erschrickt Maria, als ihr der Engel die frohe Botschaft bringt, dass sie Gottes Sohn gebären soll? Jedes Mädchen hätte sich bei einer solchen Nachricht doch riesig gefreut. Aber dann gleich die Frage nach dem Vater. Gott? Nein. Der Heilige Geist. Wer zum Teufel ist denn das nun wieder? In jedem Fall ein Mann. Na gut. Und Maria bleibt Jungfrau. Viel Unsinn auf einmal.«

Die Zweifel erfassen sie noch während des Studiums in München. Sie sucht Rat bei ihrem Doktorvater Karl Rahner. »Ich habe ausführlich mit ihm gesprochen, aber ihm war das offensichtlich sehr unangenehm. Jedenfalls empfahl er, darüber nicht öffentlich zu sprechen. Ich habe damals den Eindruck gewonnen, dass auch er den Unfug nicht glaubt.« Die Zweifel werden größer. URH, immer noch fromm, geht zur Beichte. »Der Priester war ganz verwirrt und sagte, er müsse darüber nachdenken. Das tat er auch längere Zeit schweigend. Schließlich dachte ich, ich hätte die Absolution, und habe den Beichtstuhl verlassen. Das war das letzte Mal, dass ich gebeichtet habe.«

Johannes Paul II. hat 1987 zum Marianischen Jahr erklärt. Auf seiner zweiten Deutschland-Reise will er auch in den rheinischen Marienwallfahrtsort Kevelaer kommen. Das WDR-Fernsehen widmet diesem Thema in seiner Reihe »Mittwochs in ...« eine Live-Diskussion aus Kevelaer am 15. April. Walter Erasmy, der Chef des Regionalprogramms, hat dazu auch URH eingeladen. Als sie sich zu Hause von Edmund verabschiedet, kündigt sie an, dass sie was zur Jungfrauengeburt sagen will: »Heute sag ich es.« Edmund rät ihr ab: »Lass das sein.« Er ahnt bereits, dass es von nun an im Hause Ranke-Heinemann mit der Ruhe vorbei sein wird.

Nach einer längeren sachlichen Diskussion kommt Erasmy in der Sendung auf die Nichtchristen zu sprechen, die bei der Christianisierung der alten und neuen Welt umgebracht wurden, wenn sie z.B. nicht an die »Jungfrau Maria« glauben wollten. URH meldet sich zu Wort: »Auch viele Juden sind umgekommen, weil sie nicht an die Jungfräulichkeit Mariens glauben konnten. Ich kann auch nicht an die biologische Jungfräulichkeit Mariens, deretwegen so viele Juden sterben mussten – Taufe oder Tod hieß es –, ich kann da auch nicht dran glauben ... Die Jungfrauengeburt, das ist ein zeitbedingtes Vorstellungsmodell ... Also noch einen Satz. Maria ist auch Jungfrau in der Geburt, hat dann eine Hebamme nachgewiesen, so im zweiten Jahrhundert dazu gedichtet ... Und der Jungfrau entspricht nur der jungfräuliche Mann Josef. Jesu Geschwister des Neuen Testaments werden zu Stiefgeschwistern im zweiten Jahrhundert und später zu Vettern und Cousinen. So ist das bis heute.«

Im Hintergrund hört man Buh-Rufe, aber auch Beifall. Deshalb waren manche Sätze nicht ganz deutlich zu verstehen. Die obige Abschrift des Fernsehtons wurde unwesentlich korrigiert, um die teils schnell gesprochenen Sätze eindeutig verständlich zu machen. Zwei Satzfetzen – »an die biologische Jungfräulichkeit Mariens ...ich kann da auch nicht dran glauben« und »Die Jungfrauengeburt, das ist ein zeitbedingtes Vorstellungsmodell« – werden der ersten katholischen Theologieprofessorin der Welt zum Verhängnis – oder auch nicht, wenn man bedenkt, dass sie dadurch schließlich auch zur Autorin von zwei Welt-Bestsellern geworden ist.

»Ich hatte große Angst auf dem Podium und habe die ganze Zeit gedacht, da passiert was, wenn die Sendung zu Ende ist«, erzählt URH rückblickend. »Als die Scheinwerfer dunkel wurden, dachte ich, die Kevelaerer können doch ihre Existenz verlieren, wenn sie die Souvenirs und den ganzen Kitsch nicht mehr verkaufen können, weil keiner mehr kommt. Tatsächlich hat mich dann ein Andenkenhändler beschimpft, aber ich habe ihm geantwortet, es würden immer noch genug Dumme kommen. Das war an jenem Abend die einzige negative Stimme. Der Bischof, der auch in der Sendung gesprochen hatte, sagte gar nichts. Einige Leute beglückwünschten mich, dass ich diesen Unsinn so deutlich angesprochen hätte. Eine Gruppe Schüler wollte mit mir diskutieren. Der Bischof ging weg. Da habe ich gemerkt, wie die Kirche auf so etwas reagiert. Sie tut gar nichts, lässt alles versanden und sich totlaufen, niemand setzt sich damit auseinander, und so bleibt alles beim Alten.«

An den folgenden Tagen hat der Postbote in der Henricistraße in Essen wieder viel zu schleppen. »Aus den Zustimmungen konnte ich einen hohen Stapel bilden, aber es gab auch mehrere hundert Briefe, deren Schreiber mich in die Hölle, auf den Scheiterhaufen oder in die Müllverbrennung wünschten.«

Es dauert einen halben Monat, bis der erwartete Brief dabei ist. Mit Datum vom 30. April 1987 schreibt Generalvikar Johannes Stüting an die Universitätsadresse von URH: »Sehr geehrte Frau Professor Ranke-Heinemann, nach der am 15. April d.J. im 3.Programm des WDF ausgestrahlten Sendung ›Mittwochs in …‹ aus Kevelaer sind zahlreiche Anrufe und Briefe wegen Ihrer Äußerungen bei uns eingegangen. Daraufhin haben wir uns anhand einer Aufzeichnung über den Wortlaut vergewissert. Als Professorin des Fachbereichs 1 der Universität/Gesamthochschule Essen ist Ihnen sicherlich bewusst, dass Ihre Aussagen der verbindlichen Glaubenslehre der Kirche nicht entsprechen. Daher werden Sie verstehen, dass ich Sie um Stellungnahme zu den in der Anlage beigefügten Äußerungen bitten muss. Mit freundlichen Grüßen Ihr – Stüting – Generalvikar.«

URH bedauert in ihrer Antwort zunächst, »dass Sie meine Äußerungen so sämtlich in Bausch und Bogen verurteilen … Ich habe an die Juden gedacht, die von Christen umgebracht wurden, weil sie nicht an die biologische Jungfrauengeburt glauben konnten. Mich hat diese historische Tatsache immer mit Schmerz erfüllt, und bisher habe ich nicht gewusst, dass meine Kritik an fanatischen Mördern der kirchlichen Lehre widerspricht. Was meine Ablehnung der Vorstellung einer biologischen Jungfrauengeburt betrifft, so ist die historische Entwicklung dieser Lehre, so wie ich sie kurz skizzierte, unbestreitbar … Niemals in ihrer Geschichte hat die katholische Theologie die Jungfrauengeburt als absolute Notwendigkeit gesehen.«

URH beruft sich dann auf verschiedene Quellen und ihren Doktorvater Karl Rahner, der die Jungfrauengeburt »als zeitbedingte Verdeutlichung« der Andersartigkeit Mariens und als »bloßes Verstehensmodell geschichtlich bedingter Art« verstanden wissen wolle. Sie habe in Kevelaer beim Zitieren Karl Rahners versehentlich statt »Verstehensmodell« »Vorstellungsmodell« gesagt und sei bereit, dies zu korrigieren. Und dann etwas trotzig: »Ich habe mit Karl Rahner über meine Ablehnung der biologischen Jungfräulichkeit vor, in und nach der Geburt gesprochen und habe mich von ihm eher bestärkt als etwa zurechtgewiesen gefühlt. Das ganze Problem der Frage der Jungfrauengeburt ist in der Entwicklung. Kämpfe und Konfrontationen sind nach Rahner notwendig, und dass Sie mich in Ihrem Brief so böse angucken, sehe ich als Teil dieser von Karl Rahner vorhergesagten Konfrontation.«

Zum Schluss äußert URH die Befürchtung, dass Maria für die moderne Frau unglaubwürdig wird, wenn ihr Bild in eine »fabulöse Ferne« gerückt werde. Und noch ein Rahner-Zitat: »›Vielleicht kann dieses Bild nur von Frauen, von Theologinnen authentisch gezeichnet werden.‹ Mit freundlichen Grüßen Ihre Uta Ranke-Heinemann.«

Die Antwort kommt zwei Wochen später per Einschreiben. Die Anrede lautet nicht mehr »Sehr geehrte Frau Professor Ranke-Heinemann« mit einem Komma dahinter, sondern »Sehr geehrte Frau Professor!« Der Generalvikar hält ihr darin vor, dass ihr Standpunkt »über jede uns bekannte wissenschaftliche Abhandlung über dieses diffizile Thema« hinausgeht. »Auch alle von Ihnen zitierten Autoren sind in ihrem Urteil sehr viel zurückhaltender.« Der Generalvikar wirft ihr vor allem aber vor, dass sie das »Geheimnis des göttlichen Handelns« nicht zur Kenntnis nehmen wolle und Aussagen des Glaubens auf »physiologische Vorgänge« und eine rein »biologische Antwort« reduziere.

Zu diesem Zeitpunkt ist das Bistum offenbar noch zu einer gütlichen Einigung mit URH bereit: »Wir bieten Ihnen ein Gespräch an, das Ihnen Gelegenheit gibt, Ihre entscheidende Aussage in einer Weise zu korrigieren, die der Glaubenslehre unserer Kirche entspricht ... Sollte das nicht möglich sein, kann Ihnen das Nihil obstat für die Lehrtätigkeit im Dienst der Ausbildung von Religionslehrern nicht zuerkannt bleiben. Ich hoffe auf ein klärendes Gespräch, das unserer gemeinsamen Verantwortung vor der Glaubensüberlieferung der Kirche und für die unserer Lehre und Verkündigung Anvertrauten gerecht wird. Mit freundlichen Grüßen ... .« Also: Widerruf oder Entzug der Lehrerlaubnis.

URH nimmt das Gesprächsangebot an. Als Termin wird der 9. Juni, 9.00 Uhr vereinbart.

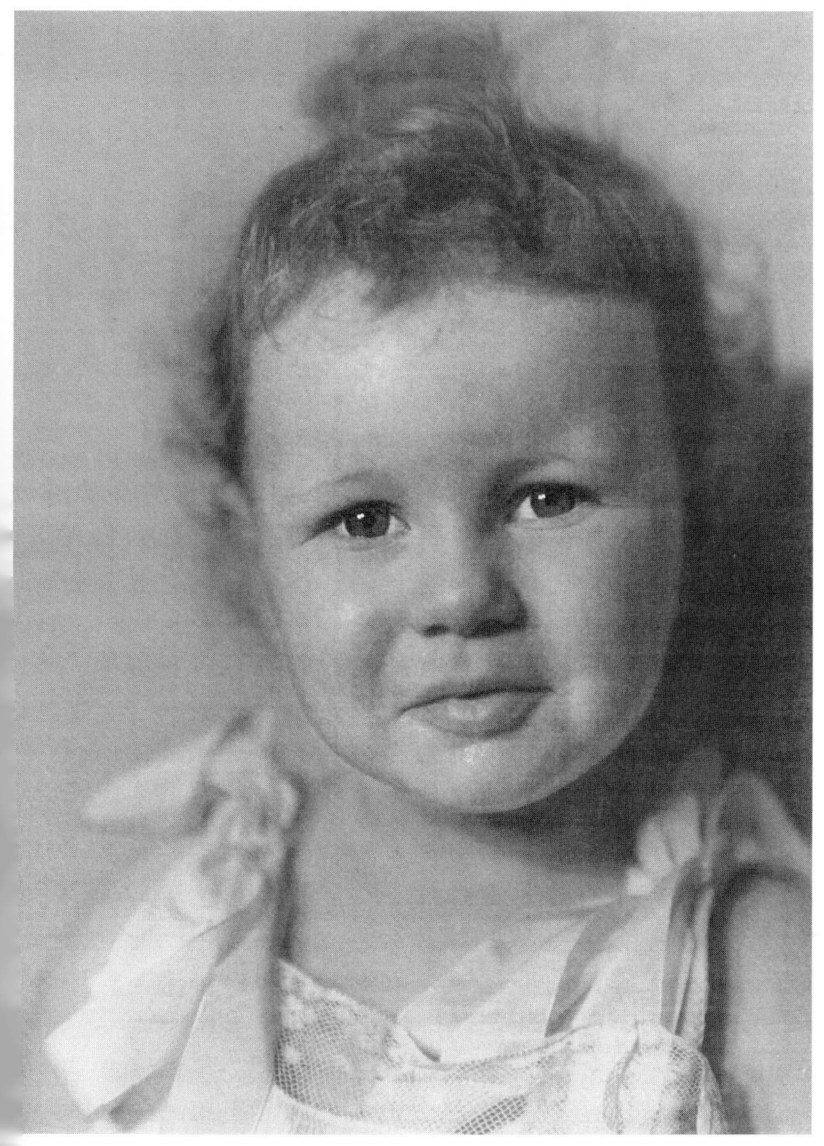

aby Uta: »Wie man sieht, habe ich offenbar schon mit zwei Jahren Zweifel an der Jung-
auengeburt gehabt.« *Foto: privat*

Kennt alle Blumen und Pilze: Uta im Sauerland *Foto: privat*

Das Ehepaar Heinemann mit den vie[…] dern im Garten (1935) *Foto: […]*

Der Heinemann-Nachwuchs Weihnachten 1936
Foto: privat

Nach der Antrittsvorlesung 1969 in Neuss als erste katholische Theologieprofessorin der Welt — *Foto: privat*

Staatsbesuch des Bundespräsidenten Gustav Heinemann in Rumänien – Empfang bei den Ceausescus (1971) — *Foto: Dirk Hourticolon*

Urlaub mit Edmund und den Kindern im niederländischen Oostburg (1971)
Foto: Eddy de Jongh

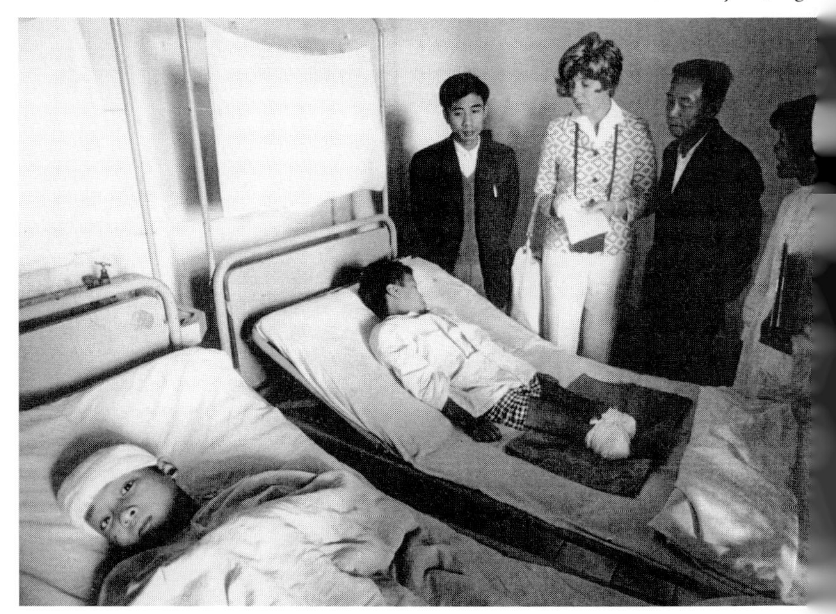

Friedensmission in Vietnam 1972, Besuch in einem Krankenhaus in Hanoi
Foto: Hilmar Pab

Bei der größten Friedensdemonstration in Deutschland am 10. Oktober 1981 in Bonn: SPD-Präsidiumsmitglied Erhard Eppler, Uta Ranke-Heinemann, FDP-Vorstandsmitglied William Borm, der ehemalige Regierende Bürgermeister von Berlin Heinrich Albertz (SPD) und Literaturnobelpreisträger Heinrich Böll (v.l.n.r.)

Foto: Wegmann/Bundesbildstelle Bonn

23. Mai 1999: Uta Ranke-Heinemann reicht den Blumenstrauß, den sie von der PDS erhalten hatte, gleich an den in der Bundespräsidentenwahl siegreichen »Neffen« Johannes Rau weiter. Foto: Schambeck/Bundesbildstelle Bonn

Immer stolz auf die Uta-Beine: URH im Schlafzimmer *Foto: Michael Ebn*

Der Bruch

Bis zum 9. Juni hat URH also Zeit, sich auf das klärende Gespräch vorzubereiten. Sie ahnt bereits, dass es diesmal um alles oder nichts geht. Wer sich freilich ihre Entwicklung in der Kindheit und Jugend in Erinnerung ruft, der kann sich wohl kaum vorstellen, dass URH widerruft. Später wird sie einmal von einem polnischen Journalisten gefragt, ob sie der neue Luther sei. Ihre Antwort: »Mit Luther habe ich gemeinsam, dass ich nicht widerrufen habe. Aber ich will keine Reformation. Glaubenskriege kosten immer Blut.«

URH bleibt sich folglich in der Zwischenzeit selber treu. Mehr noch: Sie setzt noch eins drauf. In einem Gespräch mit der Westdeutschen Allgemeinen Zeitung spricht sie von einer ihr angedrohten »Säuberungsmaßnahme«. Papst Johannes Paul II. habe »den Rückwärtsgang eingelegt und der theologischen Wissenschaft Rückwärtskriechen befohlen. Was gestern noch von Theologen gedacht und gesagt werden durfte, darf heute nicht mehr gedacht, auf keinen Fall mehr gesagt werden. Das Bild Marias ist in Gefahr, für die moderne Frau unglaubwürdig und bedeutungslos zu werden.«

Von jetzt an wird allerdings ihr Ton schärfer. »Die Unversehrtheit des Hymens auch während der Geburt Jesu trägt zudem sexualfeindliche und zölibatär-neurotische Züge.« In keiner Erklärung fehlt der Seitenhieb auf die sexualfeindlichen und neurotischen Zölibatäre. URH hat geradezu einen kindlichen Spaß daran, diese Formulierung bei jeder passenden und unpassenden Gelegenheit anzubringen. Sie weiß, dass sie die »Zölibatäre« damit in der Seele trifft. Später gesellt sich die Formulierung »frauenfeindliches Homosexuellen-Biotop« für den Vatikan oder den Klerus allgemein hinzu. Auch hier eine unverhohlene Freude am Doppelsinn. Wenn jemand antwortet, das könne man doch nicht von allen Priestern sagen, kontert sie schlagfertig: »Doch. Alle sind vom selben Geschlecht, homosexuell, wie das Wort schon sagt. Die Frauen sind aus der Kirche verbannt, allenfalls zum Putzen zugelassen.«

Zu diesem Zeitpunkt ist ihr klar, dass das Bistum es nicht bei einer verbalen Drohung belassen wird. In der Bistumsspitze dagegen herrscht immer noch die Neigung vor, einen Eklat mit weltweitem Aufsehen zu vermeiden und einen Widerruf zu erreichen.

Um 9.00 Uhr soll sie an diesem 9. Juni 1987 im Generalvikariat sein.

Um 8.38 Uhr sagt Ulrike Müller im Essener WDR-Studio in der laufenden Hörfunk-Sendung »Guten Morgen aus Essen« den Studiogast an: »Professor Dr. Uta Ranke-Heinemann. Wir haben auch Generalvikar Johannes Stüting eingeladen, er hat jedoch abgesagt.« URH wiederholt und ergänzt ihre in Kevelaer gemachten Aussagen: »Maria als immerwährende Jungfrau – ich bestreite das. Und Josef ist der leibliche Vater von Jesus. Jesus ist wahrer Mensch gewesen, das heißt, er hatte Vater und Mutter. Wir sprechen immer von der Verletzung religiöser Gefühle, aber keiner schützt den religiösen Verstand.«

URH geht noch weiter. Die Behauptung, Maria sei Jungfrau geblieben, sei eine Beleidigung für alle Frauen und Eheleute, denn hier werde der ganz normale Zeugungs- und Geburtsakt herabgesetzt und als schmutzig dargestellt. »Nur Maria blieb die Reine.« Die Zölibatäre – die wenigsten Katholiken kennen solche Details – behaupteten zu allem Überfluss auch noch, dass Maria keine Nachgeburt gehabt habe, sie sei in keiner Weise beschmutzt oder versehrt gewesen. »Eigentlich müssten jetzt alle Mütter ein Versehrten-Abzeichen tragen.«

»Werden Sie widerrufen?«, fragt die Moderatorin.

»Nein, ich werde uneingeschränkt dazu stehen und vorschlagen, dass wir uns auf Karl Rahner einigen, der schon 1970 geschrieben hat, dass diese Dinge als Bildersprache und nicht als historische Darstellung zu verstehen sind. Wenn mir das gleich nicht gelingt, dann wird heute hier in Essen der bedeutendste Theologe dieses Jahrhunderts ebenfalls verurteilt, insofern befinde ich mich dann in allerbester Gesellschaft.«

Es ist 8.55 Uhr, die Sendung in meiner redaktionellen Verantwortung ist gleich zu Ende. Ich habe URH versprochen, sie sofort mit meinem Wagen zum Generalvikariat zu fahren. Punkt 9.00 Uhr sind wir beim Pförtner. Ich darf mein Auto auf dem Hof parken, denn natürlich muss ich dableiben und für den WDR und die ARD berichten, wie die Anhörung ausgegangen ist. »Bis nachher und viel Glück!« Im grünen Kostüm, das seitdem ein »Muss« bei allen Fernsehauftritten ist, im lindgrünen Lederkostüm entschwindet die erste katholische Theologieprofessorin der Welt hinter der schweren Bronzetür.

Drei Stunden später verlässt sie das Verwaltungsgebäude des Ruhrbistums mit einem strahlenden Lächeln. Die wartenden Journalisten wollen erst nicht glauben, was sie in die Mikrofone sagt: »Nein, ich habe nichts widerrufen. Auch ein Scheiterhaufen auf dem Burgplatz hätte mich nicht dazu bringen können, gegen meine Überzeugung zu sprechen. Ich darf auch weiter lehren.«

URH liefert auf unsere Fragen eine, wie es scheint, durchaus plausible Erklärung. »Wir haben uns bei dem Gespräch geeinigt, dass das Dogma von der Jungfräulichkeit noch in der Entwicklung ist.« »Selbst wenn man berücksichtigt, dass der Generalvikar aus Frau Ranke-Heinemann keine Märtyrerin machen wollte – dieser Ausgang des Verfahrens überraschte doch alle, am meisten die Betroffene selbst«, lautet der Schluss meines ARD-Berichts.

»Ich hatte zunächst geglaubt, es ist alles aus«, erzählt URH später. »Ich hatte ein mulmiges Gefühl und echte Existenzängste. Kein Geld mehr von der Uni bekommen, die Studenten nicht wiedersehen – ich hatte noch gar nicht richtig begriffen, dass ich laut Konkordat Anspruch auf einen staatlichen Lehrstuhl habe, wenn mir die Lehrbefugnis durch die Kirche entzogen wird.«

Diese Verunsicherung geht vielleicht auch auf den Schweizer Theologieprofessor Hans Küng zurück, der wenige Tage vorher einen Brief an den nordrhein-westfälischen Ministerpräsidenten Johannes Rau geschrieben hatte. Darin forderte er den Regierungschef auf, in diesem Fall Widerstand zu leisten, die Kollegin Ranke-Heinemann auf dem Lehrstuhl zu lassen und der katholischen Kirche keinen Ersatz zu finanzieren. Küng war auf diesem Gebiet Experte. Bereits 1970 hatte er als Hochschullehrer und Priester in seinem Buch »Unfehlbar« die Gültigkeit der Dogmen über die Unfehlbarkeit und den Primat des Papstes bezweifelt. Schon Ende der sechziger Jahre hatten seine Veröffentlichungen die Glaubenskongregation beschäftigt. In einigen Thesen seiner Bücher »Die Kirche« und »Christ sein« sah sie ebenfalls die Lehre der Kirche gefährdet. 1978 erschien Küngs Bestseller »Existiert Gott?«. Im Dezember 1979 schließlich entzog Rom ihm die Lehrbefugnis an der Katholischen Fakultät der Universität Tübingen. »Der Entzug war Höhepunkt eines Konflikts, in dessen Mittelpunkt die Unfehlbarkeit des Papstes und Grundfragen der Christologie standen«, schrieb dazu die Katholische Nachrichten-Agentur KNA. Die Anordnung löste weltweite Proteste aus. Zum Ausgleich erhielt er einen unabhängigen Lehrstuhl, der direkt dem Präsidenten der Universität unterstellt war.

Küng wies in dem Brief an Rau darauf hin, »dass die Äußerungen von Frau Ranke-Heinemann durchaus von anderen katholischen

Theologen geteilt werden. Bezüglich der Jungfrauengeburt gibt es innerhalb der katholischen Theologie eine legitime Pluralität von Meinungen, und Meinungsfreiheit wiederum gehört zum unveräußerlichen Recht auf akademische Forschungs- und Lehrfreiheit ... Ich möchte hoffen, dass der Fall Uta Ranke-Heinemann die verantwortlichen Politiker aufrüttelt, damit nicht ein Theologe nach dem anderen in Deutschland den kirchlichen Pressionen zum Opfer fällt.«

Am Nachmittag des 9. Juni, so berichtet URH, habe Küng sie zu Hause angerufen. »Ich weiß nicht, ob aus eigenem Antrieb und aus Sorge um mich oder auf Rat von oben. Jedenfalls hat er mir geraten, ich sollte noch einmal hingehen und das Glaubensbekenntnis akzeptieren, aber statt ›geboren von der Jungfrau Maria‹ einfach ›geboren von der jungen Frau Maria‹ nuscheln. Er meinte es gut mit mir und war sich bewusst, dass in der Kirche durchaus mit Tricks gearbeitet werden konnte.«

Jahre später erinnert sich Küng, dass diese Darstellung wohl eine Überinterpretation seines Ratschlags gewesen ist, das Glaubensbekenntnis als einen rein formalen Akt anzusehen und es deshalb streng formal aufzusagen.

Vielleicht hat Küng bereits am selben Tag von Freunden im Ruhrbistum erfahren, dass seine Essener Kollegin an diesem Dienstag irgendetwas missverstanden haben muss. Am Mittwoch veröffentlicht die Bischöfliche Pressestelle eine Stellungnahme, in der »unumgängliche Konsequenzen« angekündigt werden. Am Donnerstag nimmt URH einen Einschreibebrief entgegen, in dem ihr der Generalvikar den Entzug der Lehrerlaubnis mitteilt.

In der Stellungnahme und in dem Brief widerspricht das Bistum der Darstellung, URH habe nicht widerrufen und dürfe weiterhin auch von ihrem Lehrstuhl aus die Jungfräulichkeit der Gottesmutter verneinen. In dem dreistündigen Gespräch habe sie sich sehr wohl zum Glaubensbekenntnis bekannt einschließlich »empfangen vom Heiligen Geist, geboren von der Jungfrau Maria«. Außerdem aber habe sie zugesagt, ihre Meinung nicht als Lehrmeinung auszugeben. Anschließend habe sie vor der Presse jedoch das genaue Gegenteil erklärt. Damit sei die in dem Gespräch gefundene Basis für eine weitere Zusammenarbeit zerstört.

Bis heute behauptet URH, sie habe während des Gesprächs kein Glaubensbekenntnis in dieser Form abgelegt. Auch habe sie niemals versprochen, ihre Meinung zur Jungfrauengeburt an der Hochschule zu verschweigen. »Ich hänge mir doch nicht selber einen Maulkorb um.« Der Generalvikar, der sich ihr gegenüber recht aufgeschlossen gezeigt habe, sei wahrscheinlich von »ganz oben« unter Druck gesetzt worden, sprich: durch Ruhrbischof Franz Hengsbach, der zu diesem Zeitpunkt den Papst auf dessen Polen-Reise begleitete. »Aber jetzt ist die Welt für mich endgültig wieder in Ordnung. Nur schade für den Steuerzahler, dass der Staat jetzt einen zusätzlichen Hochschullehrer besolden muss, von dem man sicher weiß, dass er noch an das Jungfernhäutchen von Maria glaubt.«

– »Was vermuten Sie, wer in der Hierarchie der Kirche hat letztlich den Anstoß für ihre Entfernung aus dem Lehramt gegeben?«

»Ich bin nicht am Vatikan gescheitert. Ratzinger hätte mir niemals meinen Lehrstuhl genommen, dazu ist er viel zu intelligent. Ich bin gescheitert an der Ignoranz und Intoleranz der Kirchenfürsten in der Provinz, konkret an Ruhrbischof Hengsbach, den ich später einmal ein theologisches Kleinlebewesen genannt habe.«

Am Donnerstagnachmittag hält URH an der Uni ihr Seminar, als ob nichts gewesen wäre. Die Studentinnen und Studenten sind traurig, denn sie dürfen zwar weiter bei ihr studieren, gültige Prüfungen für das katholische Lehramt darf sie jedoch nicht mehr abnehmen. »Ein Student, der kurz vor dem Abschluss stand, hat mir besonders Leid getan. Als die katholischen Studenten ausblieben, kamen immer mehr Erwachsene, die sich für Theologie interessierten, darunter auffallend viele Ärzte und Chefärzte.« Bald darauf wird der Lehrstuhl umbenannt. Bis zu ihrer Emeritierung lehrt URH kirchenunabhängig Religionsgeschichte. Der Bruch ist vollzogen und nicht mehr rückgängig zu machen.

Die neue Karriere

Nach dem Kirchenrecht gilt URH jetzt als exkommuniziert, d.h. sie darf die Sakramente nicht mehr empfangen, was sie aber ohnehin seit Jahrzehnten nicht mehr getan hat. Sie ist aus der Gemeinschaft mit der Kirche, nicht aber aus der Kirche ausgeschlossen. »Die können mich nicht rauswerfen, deshalb zahle ich auch weiterhin Kirchensteuer.« Als nach einigen Tagen wieder Ruhe einkehrt, fühlt sie sich erleichtert.

»Seit ich nicht mehr dem Bischof unterstehe, ist mir eine große Last von der Seele gefallen. Bis dahin wurde ich immer als die Theologin behandelt, von der man Frommes erwartet. Ich habe nach langem Zaudern schließlich gemerkt, dass das für mich das falsche Kostüm war. Ich wollte aus dieser Rolle aussteigen und war sichtlich erleichtert, als der Bischof mich wie eine Ketzerin behandelte.«

Sohn Johannes, »Jesus« genannt, tritt dagegen aus der Kirche aus. Andreas bleibt katholisch und will sich sogar in Polen von Kardinal Glemp trauen lassen, was dieser aber trotz einer anfänglichen Zusage ablehnt. Das Bistum gibt fortan zu Äußerungen von URH keine Stellungnahmen mehr ab. »Totschweigen – das ist die moderne Form der Ketzerverbrennung«, stellt URH fest. »Cousin« Glemp bricht jeden Kontakt zu ihr ab. »Andreas war mehrmals in Polen, Grüße hat er nur noch an Edmund ausrichten lassen, mein Name kommt ihm nicht mehr über die Lippen. Wenn er in Essen war, hat er uns nicht mehr besucht. Wahrscheinlich wird denen das von oben so befohlen.«

Nur in Italien nimmt man offenbar nicht zur Kenntnis, dass der Bruch zwischen Kirche und URH vollzogen ist. Im Vatikan-Fernsehen wird sie heute noch »unsere deutsche Theologin« genannt. Die Menschen auf der Straße bleiben ihr gegenüber freundlich. »Es hat nur eine einzige Ausnahme gegeben, da hat mich ein Mann als Hexe beschimpft. In Briefen ist das umgekehrt, da bekomme ich mehr Beschimpfungen und Drohungen als Zustimmung. Es sind vor allem Männer, die mir mit ihren religiösen Fantasien auf den Geist gehen. Hexe und Hure sind die häufigsten Schimpfwörter.«

Sorge bereiten ihr Briefe von Moslems, teils in arabischer Sprache. Immerhin ist Maria bei den Moslems hoch geachtet. »Deshalb steht Johannes Paul II. zur Überraschung der ganzen Welt jetzt auf der Seite des Islams, er ist sogar gegen einen Krieg im Irak.« Der Islam kennt ebenso wie das Christentum eine wundersame »Empfängnis« des Propheten Jesus ohne Mitwirkung eines Vaters. Die »Jungfrau Maryam« bekommt danach Besuch von einem himmlischen Geist, dem Engel Gabriel in Gestalt eines schönen Mannes, der ihr die Geburt eines Sohnes ankündigt, der zu einem Zeichen für die Menschen werden soll. Allerdings bringt sie ihren »Isa« nicht in einer Unterkunft zur Welt, wo er in eine Krippe gelegt wird, sondern gebiert ihn an eine Palme gelehnt im Freien. Diese Darstellung findet sich im Koran, der im 7. Jahrhundert nach Christus entstand.

In diesem Sommer 1987 finden sich in der Post allerdings auch einige Briefe von Verlagen, die ihr vorschlagen, zu den Themen Jungfräulichkeit, Sexualität, Moraltheologie oder Glauben ein Buch zu schreiben. Der Entzug ihrer Lehrbefugnis wird für URH zum Start für eine zweite Karriere als Bestseller-Autorin. In ihrem Haus ist ein ganzes Zimmer mit Regalen bis unter die Decke angefüllt mit Material, das sie bereits gesammelt und vorsortiert hat. »Ich bin sehr ordentlich. Wenn Edmund gefragt hat, wo ist der Zimt, konnte ich immer mit dem Brustton der Überzeugung antworten, da wo er immer steht.« Sie entscheidet sich für das Angebot des Verlags Hoffmann und Campe in Hamburg.

Seit sie von der Last des Gehorsams gegenüber der katholischen Kirche befreit ist, kann sie die Dogmen mit der ihr eigenen Ironie und Komik ihrer Kritik unterwerfen – »ohne jede Rücksicht auf die Ignoranz und Primitivtheologie der deutschen Bischöfe«. Themenschwerpunkte sind die Frauenfeindlichkeit, die Sexualmoral und der Komplex »Ungeborenes Leben, Abtreibung, Todesstrafe, Krieg«.

Vom ersten Vorschuss wird ein Atari-Computer angeschafft. URH schreibt ihre Texte nur in Kleinbuchstaben, um eine Überbeanspruchung der linken Hand mit der Shift-Taste zu vermeiden. Edmund korrigiert anschließend das jeweilige Tagesergebnis. Heute verwendet sie abwechselnd vier Rechner: Siemens-Nixdorf, IBM, einen von ihrem Lieblingsladen Aldi und für alle Korrespondenz ihren über alles geliebten I-Mac. Für jeden Computer hat sie für ihren persönlichen Anwendungsbereich ein eigenes Handbuch zusammengestellt.

Nach knapp einem Jahr ist das erste große Werk fertig: »Eunuchen für das Himmelreich – Katholische Kirche und Sexualität«. Es wird in zahlreiche Sprachen einschließlich Japanisch übersetzt und auf Anhieb ein Welt-Bestseller. URH hat schon bald aufgehört, die Auflagedaten zu addieren. »Bis 1999 gab es allein in Deutschland bereits 15 Auflagen bei Hoffmann und Campe, sechs bei Knaur und 22 bei Heyne.« Die Neuauflagen werden aktualisiert, die umfangreichsten Ergänzungen betreffen das Thema Homosexualität. Gewidmet hat sie das Buch ihrem Mann.

Die erwartungsfrohe Lesergemeinde wird gleich in der Einleitung mit einer spannenden Geschichte überrascht, die beweist, dass Theologie nicht nur in Kirchen, sondern auch im Alltag eine nicht unbedeutende Rolle spielt. URH nimmt das Hamburger Amtsgericht aufs Korn, das 1981 den Satiriker und Moderator Henning Venske zu 3200 Mark Geldstrafe wegen Beschimpfung von religiösen Bekenntnissen verurteilt hatte. In dem Urteil stand der Satz, dass nach christlichem Glauben Jesus als der Erlöser bezeichnet wird, »dessen Leben frei von jeder Sünde und Lust ist«. Damit sei offensichtlich im Namen des Volkes entschieden worden, dass Jesus ein »gänzlich lustloser Erlöser« gewesen sei, folgert URH. »Frei von jeder Sünde – gut, aber frei von jeglicher Lust, das kann nicht sein. Man würde Jesus sonst zu einem rechten Kümmerling machen, und mit einer solchen Behauptung könnte das Gericht seinerseits religiöse Gefühle verletzen.« Das ist die Uta Ranke-Heinemann, wie ihre Leserinnen und Leser und ein Millionenpublikum im Hörfunk und Fernsehen sie sich wünschen und lieben: scharfsinnig, scharfzüngig, radikal und umwerfend komisch. Bruder Peter, Rechtsanwalt und zeitweilig örtlicher SPD-Vorsitzender und Landtagsabgeordneter, hat sich jedes Mal geschämt, wenn seine Schwester wieder einen ihrer Auftritte als »Clown« hatte. Erst vor kurzem hat er akzeptiert, dass dies eine Seite ihres Charakters ist, für die ihr die Leserschaft in aller Welt dankbar ist.

Die »Eunuchen« bringen den lange vermissten Wohlstand ins Haus. URH stöhnt zwar über die Abgaben an das Finanzamt, aber wer einige hunderttausend Mark an Steuern zu zahlen hat, der hat auch entsprechende Einnahmen, und die Kirchensteuer obendrauf wird sogar mit Absicht abgeführt. »Auf diese Weise bin ich in der Kirche der bleibende Protest.« Edmund darf endlich seiner Leidenschaft nachgehen, dem Sammeln moderner Grafik, hauptsächlich Picasso, Dali und Chagall, ohne jede Mark dreimal umdrehen zu müssen. Als das Haus renoviert werden kann, muss eigentlich die Ölfarbe im Treppenhaus abgebeizt oder abgeflämmt werden. Beide sind nicht bereit, die damit verbundenen Belästigungen zu ertragen. So werden die Wände vom Souterrain bis zum Dachboden mit 380 Bildern abgedeckt. Jedes Museum wäre über eine derart reichhaltige Sammlung froh.

Uta kauft sich Schuhe, »meist im Ausverkauf und dann gleich mehrere Paare, weil die wegen meiner Größe immer so billig sind, insgesamt im Laufe der Jahre so an die 200«. Und sie kauft Perücken. »So spare ich morgens die Zeit fürs Frisieren, das hab ich von Jacqueline Kennedy abgeguckt.« Die beiden Söhne bekommen Geld für den Aufbau ihrer Existenz. Johannes »Jesus« ist Inhaber eines Lehrinstituts für Sprachen und Katzen- und Papageienfreund. Andreas, studierter Historiker, bekommt ein verpachtetes Weingut und kann sich voll seiner Leidenschaft widmen, in aller Welt seltene Bücher aufzuspüren. Er arbeitet von Paris aus und gilt international als Spezialist für Lexika. Für seine Mutter hat er u.a. drei Meter der »Histoire universelle« aus dem 16. Jahrhundert aufgestöbert. Für einen französischen Verlag entdeckte er die vernichtet geglaubte Originaledition des Buches »Phaedon – Gespräche über die Unsterblichkeit der Seele« von Moses Mendelssohn aus dem Jahr 1773. In der Wiederauflage von Juli 2000 bedankt sich der Verlag mit einem Vermerk im Vorwort.

Die in Jahren der Not dringend erforderliche Sparsamkeit im Hause Ranke-Heinemann wird beibehalten. Jeder Auftraggeber wird beispielsweise darüber informiert, dass zusätzlich zum ausgehandelten Honorar die Mehrwertsteuer zu überweisen ist. Wie in der Vergangenheit ruft sie auch weiterhin im WDR-Studio Essen an mit der Bitte, einer Kölner Redaktion etwas auszurichten. »Das kostet dann nur ein Ortsgespräch.« Nach der Schließung des Konsums um die Ecke werden Aldi und Plus zu ihren Lieblingsläden. Edmund spült die leeren Plastikdosen von Heringsstipp, Krautsalat oder Vanilleeis und stapelt sie im Wintergarten. Der Garten dahinter ist inzwischen zugewuchert. Birken, Vogelbeerstämme und das Gebüsch haben bereits beachtliche Höhen erreicht. Uta findet die Wildnis gut, vor allem, weil sich so die Kosten für den Gärtner sparen lassen. Die wegen der Kunstwerke und Teppiche teure Hausratversicherung wird gekündigt, der Einbau von Gittern und Sicherheitseinrichtungen ist auf die Dauer billiger.

Sex ohne Ende

In den »Eunuchen« beleuchtet zum ersten Mal eine Frau, die Theologin ist, das Thema Sex und Christentum aus allen Blickwinkeln der Wissenschaft. Keine noch so unbekannte Spielart wird ausgelassen. Das Buch spiegelt das pralle Leben wider und kommt daher einem allgemeinen Bedürfnis entgegen, mehr über die Liebe zum anderen oder zum gleichen Geschlecht, zu sich selbst oder auch zu Tieren zu erfahren. Uta Ranke-Heinemann, wenn schon nicht der neue Luther, dann vielleicht die neue »Frau Kolle« der achtziger und neunziger Jahre des vorigen Jahrhunderts?

Natürlich hat URH die Eingangsgeschichte vom »lustlosen Erlöser« mit Absicht gewählt, wie denn auch alles, was sie schreibt, nicht ohne volle Absicht geschrieben wird. An jedem Satz wird gefeilt, bis er gefällt – und bis die damit verbundene Ohrfeige sitzt. Die Lust ist die Ursache allen Übels, jedenfalls nach Ansicht der Kirchenväter, die ihrerseits im Sinne des Zölibats dieser Lust eigentlich entsagen müssten. Je größer die Lust, desto schwerer die Sünde – mit dieser einfachen Formel lässt sich die gesamte Moraltheologie seit Christi Pubertät anschaulich zusammenfassen.

URH als Sex-Expertin – wie passt das damit zusammen, dass sie selbst nach eigener Aussage auf diesem Gebiet nur begrenzte Erfahrungen hat? »Edmund war seit Jahrzehnten auf den Rollstuhl angewiesen, da ging schon lange nichts mehr. Aber wir haben uns eben geliebt auf unsere Weise. Er hat mich so genommen, wie ich bin, und das hat mir sehr viel bedeutet. Ich kann nicht verstehen, dass Homosexuelle so viele Sexualkontakte haben müssen, als ob es auf die Masse und nicht auf die Qualität ankommt.«

– »Haben Sie nicht irgendwann einmal das Bedürfnis gehabt, Sex mit einem fremden Partner zu erleben?«

»Ach, es gab schon Situationen, weil ich wegen meiner Bücher ja oft auch ins Ausland zu Vorträgen eingeladen wurde. Einmal in Spanien, da folgte mir ein Ordensoberer auf Schritt und Tritt, wahrscheinlich musste er nach Rom berichten, was ich gesagt habe. Im Hotel wohnte er auf demselben Flur, manche Leute haben uns sogar für ein Paar gehalten. Er hat mich durchaus interessiert, er sah sehr gut aus, so asketisch in seinem höchst eleganten hellgrauen Seidenanzug ... Aber mehr sage ich dazu nicht.«

– »Und heute mit 75?«

»Sexualität und Liebe interessieren mich immer noch sehr. Das Leben ist voll davon. Denken Sie nur an den Zölibat, der die Priester in eine verbotene Sexualität treibt. Was habe ich mich über den spanischen Priester gefreut, der sich zu seiner Homosexualität bekannt hat und die Namen mehrerer schwuler Bischöfe nennen wollte, mit denen er Verkehr gehabt hat. Oder die spannende Frage bei der Thomas-Mann-Trilogie im Fernsehen, ob seine vergeistigte Homosexualität die Liebe zu seiner Frau beeinträchtigt hat. Dann Opus Dei und die Heiligsprechung von Josefmaria Escrivá am 6. Oktober 2002 auf dem Petersplatz – meine Freundin Anna gehört ja der Vereinigung an und war in Rom dabei –, was war denn mit dem los? Der hat sich täglich gegeißelt, Gebet und Buße hat er gepredigt, aber wahrscheinlich würde man ihn heute für einen schwer gestörten Masochisten halten.«

– »Zurück zum Anfang. Was hat Sie bei der Beschäftigung mit dem Christentum ausgerechnet auf das Feld Sexualität geführt?«

»Das war das 1926 erschiene Buch ›Die vollkommene Ehe‹ des Holländers Theodor Hendrik van der Velde, das von der Kirche auf den Index der verbotenen Bücher gesetzt worden war. Ich durfte es nicht mit nach Hause nehmen, sondern nur im Lesesaal studieren. Pius XI. hatte es verdammt, von den deutschen Bischöfen wurde es ›Das vollkommene Dirnentum‹ genannt. Aber ich fand bei der Lektüre nichts Schlimmes, im Grunde genommen wurde da nur für etwas Abwechslung im Schlafzimmer geworben, also die Frau nicht immer unten. Das hat mich stutzig gemacht, wie die zölibatären Aufpasser, die im Schlafzimmer nichts zu suchen haben, mit den Eheleuten umgingen. Das Thema hat mich dann nicht mehr losgelassen, weil ich eben in allem sehr gründlich bin und nicht eher aufhöre, bis ich alles weiß.«

Mit dieser Einstellung wäre URH sicherlich als Wissenschaftlerin in internen Kreisen bekannt geworden, eine weltweite Popularität hätte sie aber nicht erreicht. Diese verdankt sie der Tatsache, dass zu ihrer Gründlichkeit glücklicherweise der ausgeprägte Sinn für Witz und Komik hinzukommt. Die mit ihrer Moraltheologie der Lächerlichkeit preisgegebene katholische Kirche konnte sich schließlich nicht anders wehren als mit dem Entzug der Lehrerlaubnis.

Es macht einfach Vergnügen zu lesen, dass bereits im Jahr 388 in Rom ein gewisser Jovinian die Lehre vertrat, Maria habe spätestens bei der Geburt Jesu ihre Jungfräulichkeit verloren. Seitdem sind ganze Bibliotheken in Klöstern, Kirchen und katholischen Universitäten mit Abhandlungen nur über dieses eine Thema gefüllt. URH geht selbstverständlich dann der Frage nach, was Männer dazu veranlassen kann, sich jahrelang den Kopf über ein winziges Stückchen Haut am Scheidenausgang einer um die Zeitenwende lebenden Frau zu zerbrechen. Aber sie stellt dann auch die Frage, was dies in den Köpfen dieser Männer anrichtet und welche – tödlichen – Folgen diese »Sexualphantasien der Zölibatäre« haben. Nur wer's glaubt, wird selig. Die anderen werden verfolgt, verfemt, verbrannt und der ewigen Verdammnis überantwortet.

Der Reiz der »Eunuchen« liegt auch darin, dass URH ausführlich die »nichtchristlichen Wurzeln des christlichen Sexualpessimismus« aufdeckt. Edmund und Uta haben dazu alle Texte im Original studiert und die unterschiedlichsten Lexikonausgaben aus verschiedenen Jahrhunderten miteinander verglichen, um z. B. Entwicklungen im Denken und Fortschritte der Medizin aufzuzeigen wie etwa die Entdeckung der Eizelle, die zu völlig neuen Überlegungen Anlass lieferte. Interessant und wichtig ist das Buch ferner durch die vielen Querverweise zu den heutigen Diskussionen und Gesetzgebungsverfahren über Emanzipation, Embryoforschung, Verhütung, AIDS, Abtreibung, Homosexualität, Kindesmissbrauch, Exorzismus oder medizinische Behandlung der Mutter bei Gefahr für die Mutter und das ungeborene Leben.

So können sich zum Beispiel Sporttrainer informieren, dass schon Platon († 347 v. Chr.) einen Olympiasieger erwähnt, der während des Trainings »nie eine Frau oder einen Knaben angerührt hat«. Seneca (um 50 n. Chr.) propagiert, dass die »Geschlechtslust dem Menschen nicht zum Vergnügen, sondern zur Fortpflanzung seines Geschlechts« gegeben sei. Und Plinius, der beim Ausbruch des Vesuvs 79 n. Chr. ums Leben kam, nennt als Vorbild den bereits erwähnten keuschen Elefanten, der sich nur alle zwei Jahre paart. Franz von Sales († 1622) lobt das Rüsseltier auch deshalb, weil es sich nach fünf Tagen des Liebesspiels erst gründlich in einem Fluss wäscht, bevor es zur Herde zurückkehrt. URH fand übrigens heraus, dass Franz von drei Jahren Enthaltsamkeit spricht und somit Plinius noch überbietet. Philo von Alexandria, ein Zeitgenosse Jesu, verurteilte die Homosexuellen mit einem Satz, der heute jedes Kabarettpublikum erfreuen würde: »Wie ein schlechter

Ackersmann lässt der Homosexuelle das ergiebige Land brach liegen und müht sich Tag und Nacht mit solchem Land ab, von dem sich überhaupt keine Frucht erwarten lässt.« Können Homosexuelle Kinder kriegen? Im Prinzip nein, obwohl es immer wieder versucht wird.

Diskriminierung der Frauen

Von Anfang an verbindet URH in ihrem Buch ihre Aussagen zur Moraltheologie mit Nachweisen, wie damit gleichzeitig vor allem die Frauen bewusst diskriminiert werden. Das fängt schon im Alten Testament an, da habe der Herr zu Moses gesprochen: »Schläft ein Mann bei einer menstruierenden Frau, so sollen beide aus dem Volke ausgerottet werden.« Albertus Magnus und Thomas von Aquin folgen dieser Überlieferung und machen daraus eine Todsünde. Die hl. Birgitta von Schweden († 1373) hat sich ausführlich zur Menstruation bei Nonnen und deren Bestrafung geäußert, falls sie ihre Unreinheit nicht beichten. Gleich dazu ein Seitenhieb auf den amtierenden Papst, der »diese fromme Neurotikerin zur Schutzheiligen des vereinten Europa gemacht« habe. Immerhin habe Birgitta für Päpste, die die Priesterehe erlauben, schwerste Strafen gefordert: Augen ausstechen, Nase und Ohren abschneiden, Zunge herausschneiden, Hände und Füße abhauen, ihren Leichnam den Hunden und anderen wilden Tieren vorwerfen und sie dann zur ewigen Folter in die Hölle hinabstoßen. Wahrlich eine etwas merkwürdige Heilige für Europa.

URH verschweigt nicht, dass es im Laufe der Jahrhunderte manchmal auch andere Stimmen im hohen Klerus gab, so einen Prager Domherrn, der schon im 14. Jahrhundert schrieb, die Priester sollten in der Beichte nach solchen Dingen nicht fragen, das sei weder notwendig noch nützlich noch anständig den Frauen gegenüber. Viele Seiten behandeln die »Jungfrauengeburt« und den Pflichtzölibat. In diesem Zusammenhang erläutert sie auch den Titel ihres Buches, die »Eunuchenstelle Matthäus 19«: »Es gibt Eunuchen, die sich selbst zu Eunuchen gemacht haben um des Himmelreiches willen«. Dies sei die Lieblingsstelle des amtierenden Papstes in seinem Kampf für den Pflichtzölibat, aber sie werde fehlinterpretiert, denn sie betreffe gar nicht die freiwillige Ehelosigkeit, sondern den Verzicht auf Geschlechtsverkehr nach einer Scheidung. Im Folgenden schildert sie dann genüsslich, dass es noch dümmere Interpretationen für den besten Weg zur ewigen Glückseligkeit gab, nämlich die vielfach ausgeführte Selbstkastration.

Je intensiver sich URH mit diesen Quellen, den Zusammenhängen und den Auswirkungen auf die heutige Zeit beschäftigt, desto mehr schwinden die Reste ihres Glaubens. Mit der Zunahme neuer Erkenntnisse ist immer gleichzeitig eine Abnahme des Glaubens an Dogmen und Lehrmeinungen verbunden. Oft stellt sie sich die Frage, ob sie nicht zu weit geht. Darf nicht ein Hauch von Nebel und Geheimnis im Raum hängen bleiben? Muss alles rational erklärt werden? »Manchmal sind mir Bilder erschienen, eine Kirche im Dämmerlicht, Kerzenschein am Altar und das berühmte alte Mütterchen in der Kirchenbank. Dem wollte ich doch nicht weh tun. Aber dann habe ich gedacht, das darf man diesen von sich überzeugten Männern nicht durchgehen lassen. Diese Männer haben Tausende Frauen auf den Scheiterhaufen geschickt oder bei uns um die Ecke zur Hexentaufe in die Ruhr geworfen. Dann war bei mir Schluss mit Nachsicht, dann hat mich das nur noch mehr angespornt, weiter zu forschen.«

»Theologie ist zunehmend Junggesellentheologie geworden, die Sünde wird immer mehr im Bereich der Sexualität gesehen«, fasst sie das Ergebnis ihrer Überlegungen zusammen. Erbarmungslos rechnet sie mit dem Unsinn ab, den die »Stützen katholischer Sexualmoral« gelehrt haben: Augustinus, Albertus Magnus und Thomas von Aquin. Als Beispiel ein Satz von Augustinus: »Wer seine Ehefrau zu leidenschaftlich liebt, kann als Ehebrecher bezeichnet werden.« Dann der Brückenschlag zur Neuzeit für alle, die es ganz genau wissen wollen: »Johannes Paul II. griff den Gedanken vom Ehebruch mit der eigenen Frau in der Generalaudienz vom 8. Oktober 1980 auf und bekräftigte ihn.« Es lohnt sich eben, Quellen zu studieren und alte Protokolle nicht in den Papiercontainer zu werfen.

Im Hinblick auf die kritiklose Übernahme alter Glaubensgrundsätze steht URH jetzt deutlich im Gegensatz zu ihrem Studienfreund Ratzinger. So hat der oberste aller Kardinäle mehrfach betont, dass Katholiken verpflichtet sind, »eine große Menge von Glaubenslehren als unfehlbar zu akzeptieren«, auch wenn sie dazu weder durch einen Papst noch durch ein Konzil erklärt wurden. Ratzingers Biograf John L. Allen schreibt dazu: »Katholik zu sein heißt, die Kirche als fortlaufende Quelle der Offenbarung anzuerkennen. Es bedeutet, dass man der Kirche vertraut, ihr im Zweifelsfall Recht gibt, sich ihr selbst in unklaren Fällen fügt und ihre Autorität akzeptiert.« URH ist dazu nicht bereit: »Ich gebe doch nicht meinen Verstand an der Kirchentür ab.«

Empfängnisverhütung, Masturbation oder Homosexualität nehmen weitere umfangreiche Kapitel ein. Maßstab für Sünde sind in all diesen Fällen die Fortpflanzung und die Lust. Wird die Fortpflanzung behindert, hilft nur noch beichten und Gottes Gnade, wobei die Schuld mit dem Grad der empfundenen Lust zunimmt. Kondom und Pille, Coitus interruptus, Anal- oder Oralverkehr oder Masturbation dienen nicht der Fortpflanzung und sind eine schwere Sünde, »schwerer jedenfalls als die Vergewaltigung der eigenen Mutter, in der ja der Samen fortpflanzungsfähig bleibt«. Er muss immer in das »richtige Gefäß« hinein. Bestimmte Körperöffnungen sind dafür jedoch nicht das »richtige Gefäß«, und falls die Frau oben oder auf der Seite liegt, fließt der Samen durch die Schwerkraft aus dem »richtigen Gefäß« wieder heraus – ab in den Beichtstuhl! Das Schmunzeln bei der Lektüre vergeht einem ebenso wie den Zuhörern, wenn URH aus ihrem Buch liest. Schnell schlägt sie den Bogen zur Gegenwart. Wurden im Mittelalter weise Frauen verbrannt, die etwas über Empfängnisverhütung oder gar Abtreibung wussten, in Köln zum Beispiel nahezu alle Hebammen; wurden Homosexuelle, auch Priester gemeinsam mit den von ihnen verführten Jungen, ebenfalls dem Scheiterhaufen überantwortet – damals, so sind sich heute alle Experten einig, dass z.B. das päpstliche Kondomverbot im Zeitalter von AIDS vor allem in den Entwicklungsländern millionenfach Neuinfektionen begünstigt und damit für millionenfaches Siechtum und millionenfachen vorzeitigen Tod mitverantwortlich ist.

Es ist das Verdienst von URH, dass sie diese Zusammenhänge aufdeckt. Gleichzeitig weist sie dann auch noch überzeugend nach, auf welchen Missverständnissen derartige Glaubensgrundsätze beruhen. Seit 1988 kann sich in der katholischen Kirche kein Verantwortlicher mehr damit entschuldigen, er habe offensichtlichen Unsinn in guter Absicht gepredigt. URH gibt jedem die Chance, seine Haltung daraufhin abzuklopfen, inwieweit Glaube Leichtgläubigkeit oder Naivität ist. Wer seinen Verstand gebraucht, wird offensichtlichen Unsinn nicht länger verteidigen – und Konsequenzen ziehen. »Es ist nicht verwunderlich, wenn der in unnatürlicher Weise belastete Mensch inzwischen in scharfer Reaktion sich gegen die gesamte christliche Sexualmoral wendet«, schreibt URH im Zusammenhang mit Augustinus, den sie den »Vater der Sexualangst und Sexualfeindlichkeit« nennt. Wobei man wissen muss, dass sich dieser mit zwei Geliebten vergnügte, bis er »gläubig« wurde und der Sexualität abschwor.

Die Leserschaft zieht jetzt ihre Vorteile aus der Tatsache, dass URH seit ihrer Kindheit ihr Gedächtnis trainiert, systematisches Denken und Forschen erlernt, logisches Analysieren geübt, zwölf Sprachen studiert und einen ausgeprägten Sinn für Ordnung entwickelt hat. Sowohl in ihrem Kopf als auch in ihren Bücherregalen, in Herders Kirchengeschichte, im Larousse, in der Encyclopaedia Britannica, in ihren eigenen Ordnern findet sie auf Anhieb alles wieder, was sie einmal verarbeitet hat. »Manches habe ich auch zehnmal gelesen, bis ich alles verstanden habe. Aber dann bleibt es auch hängen. Mein Gedächtnis ist mein bestes Archiv.«

Davon profitieren zum Beispiel diejenigen Frauen, die sie in Scheidungsfragen um Rat bitten, wenn ihre Männer die katholisch geschlossene Ehe für ungültig erklären lassen wollen, um wieder kirchlich heiraten zu können. »Ich kenne dazu alle Paragrafen des Kirchenrechts und weiß auch noch zusätzlich, wieso die Ehe von Caroline von Monaco mit Junot kirchenrechtlich ungültig gewesen sein soll. Allerdings habe ich noch nicht herausgefunden, warum die Herzogin von Alba mit kirchlichem Segen einen homosexuellen Jesuiten heiraten konnte, der zu diesem Zweck offenbar problemlos laisiert worden ist.«

Erinnerungsvermögen und Genauigkeit ließen sie beispielsweise stutzig werden, als der Papst 1988 einen Brief zur »Würde der Frau« veröffentlichte. Unter Hinweis auf den Paulus-Brief an die Epheser erwähnte der Papst das Wort »Bräutigam«. »Genau 86mal Bräutigam statt Ehemann. Ich wusste sofort, im Epheserbrief kommt das Wort Bräutigam überhaupt nicht vor, nicht ein einziges Mal, auch nicht das Wort Braut statt Ehefrau. Hatte der Papst ein Neues Testament auf Polnisch?« URH schrieb an den Vorsitzenden der Deutschen Bischofskonferenz und machte ihn auf den Fehler aufmerksam. Im November 1990 bedankte er sich für den »philologischen Hinweis«:

»So ist Ihnen ohne Weiteres Recht zu geben, dass im Epheserbrief der Begriff ›sponsus‹ bzw. ›nymphios‹ nicht vorkommt. So ist im Text des Apostolischen Schreibens eine Ungenauigkeit zu konstatieren.« Der Papst also ein Fälscher.

Als der »Heilige Vater« 1992 einen neuen Weltkatechismus genehmigt und darin zur Homosexualität Stellung nimmt, muss URH die nächste Auflage ihrer »Eunuchen« um einen Zusatz ergänzen. Als Beweis für die Sündhaftigkeit der Homosexualität führt der Papst aus dem Alten Testament die Geschichte von Lot aus Sodom an. Er hat in seinem Haus zwei junge Männer zu Gast, als homosexuelle Besucher eintreten, die diesen beiden Männern »beiwohnen« wollen. Eingedenk der schweren Sünde der Homosexualität bietet ihnen Lot an: »Seht, ich habe zwei Töchter, die noch nichts vom Manne wissen, die will ich euch herausgeben. Macht mit ihnen, was euch gefällt. Nur diesen beiden Männern tut nichts.«

Die ganze christliche Welt nimmt diese ungeheuerliche Geschichte 1992 als Beweis dafür hin, dass Homosexualität eine schwere Sünde ist, weil – so der Papst unter Hinweis auf die Besucher im Hause Lots – die Weitergabe des Lebens beim gleichgeschlechtlichen Verkehr ausgeschlossen bleibt. Professorin Dr. Uta Ranke-Heinemann in Essen ist wieder einmal der einzige Mensch in der gesamten christlichen Welt, der sich sofort an Einzelheiten dieser Lot-Geschichte erinnert und die Ungeheuerlichkeit der päpstlichen Schlussfolgerung anprangert. »Töchtervergewaltigung, angeordnet vom eigenen Vater, gebilligt von diesem Papst!«, zürnt sie. Sie ermittelt, dass die Mädchen 12 oder 13 Jahre alt gewesen sein müssen und dass sie wahrscheinlich verlobt waren. Dann die schallende Ohrfeige für Karol Wojtyla, der sich für unfehlbar hält: »Ihre Gemütsverfassung, ihre Panik erwähnt der Papst mit keinem Wort. Wichtig ist ihm nur, dass die beiden kleinen Mädchen die homosexuellen Handlungen verhindern sollten durch einen Akt, der die Weitergabe des Lebens nicht ausschließt und so nicht gegen das ›natürliche Gesetz‹ verstößt.«

URH belässt es nicht bei dieser Antwort auf das Papst-Wort. Sie stellt sich die Frage, wie diese »Abartigkeit im Denken, bei der sich der Magen umdreht«, zu erklären ist. Und sie findet eine plausible Antwort. Gegen das natürliche Gesetz, contra naturam: das ist doch der alte Thomas von Aquin. Der aber wusste noch nicht, dass zur Menschwerdung auch die weibliche Eizelle gehört. Sie wurde erst 1827 durch K. E. von Baer entdeckt. Thomas war folglich wie schon Aristoteles der Ansicht, im männlichen Samen lebe ein richtiger Mann (eine Frau entstand nach seiner Ansicht erst dann, wenn die Bildung eines Mannes missglückt war). Jede Vergeudung des Samens war somit quasi Mord am ungeborenen Leben eines Mannes – eine Todsünde. »Der Papst hat offenbar bei Homosexualität noch diese alte Vorstellung von Natur und natürlichem Gesetz. Zum Glück ist die ganze Geschichte vom Untergang Sodoms und Gomorrhas ohnehin eine Sage, die so nie passiert ist.«

Menschen zweiter Klasse

Wo immer sie kann, legt URH offen, dass Frauen in der katholischen Kirche »allenfalls zum Putzen geduldet« sind: »Die Frauendiffamierung in der Kirche hat ihre Wurzeln in der Vorstellung, dass Frauen unrein sind und deshalb am Altar keinen Platz haben dürfen. Sie sind Menschen zweiter Klasse.« Johannes Paul II. brachte es noch 1980 fertig, den Einsatz von Messdienerinnen zu verbieten. Nach weltweiten Protesten musste er das Verbot 1994 wieder aufheben. Pius X. verschärfte 1903 das Verbot von Frauen in Kirchenchören mit der Folge, dass weiterhin wehrlose Knaben kastriert wurden, um in den Chorwerken die Sopran- und Alt-Stimmen zu singen. Erst 1958 wurde der Frauengesang mit bestimmten Auflagen erlaubt.

Es ist faszinierend zu lesen, mit welcher Klarheit URH die Zusammenhänge enthüllt. Sexualitätsfeindlichkeit führt zum Zölibat, Zölibat zu Frauenfeindlichkeit, Frauenfeindlichkeit wiederum begünstigt das »homosexuelle Biotop« in der Kirche. »Die ganze Kirchengeschichte bedeutet eine einzige lange Kette männlicher bornierter Willkürherrschaft über die Frau ... Auch in der Männerkirche von heute ist sie immer noch als gottgewollt dogmatisiert. Die Männerkirche hat niemals begriffen, dass die Wirklichkeit der Kirche sich auf die Menschlichkeit und Mitmenschlichkeit von Mann und Frau gemeinsam gründet. Diese virile Kirche ist zu einem Schrumpfchristentum degeneriert.«

URH nimmt auch die weit verbreitete Ansicht aufs Korn, dass erst das Christentum die Frauen befreit habe. »Dass es umgekehrt war, dass das Christentum den Frauen nach und nach alle Rechte nahm, während es vor 2000 Jahren noch Frauen gab, die vor den einflussreichen Männern rangierten, ist in der katholischen Kirche unbekannt.« So hätten die Äbtissinnen früher bischöfliche Gewalt besessen, diese Rechte aber längst verloren. »Die Stimme der Frau ist verstummt, sie hat in der Kirche nichts mehr zu sagen.«

Aber das stimmt doch gar nicht, werden ihr an diesem Punkt viele entgegnen und vielleicht auf Mutter Teresa von Kalkutta (†1998) verweisen, die zu Lebzeiten auch von den Kirchenfürsten hoch geachtet wurde. Stimmt, schreibt URH, aber erstens war Schwester Teresa niemals Mutter, und zweitens fügt sie sich nahtlos in das päpstliche Jungfräulichkeitsideal ein. »Als Dienerin der Kranken und Miserablen hat sie noch nie die Machtposition und Überlegenheit der Männer angezweifelt. Ihr Platz neben dem Kranken- und Sterbelager der Unterprivilegierten ist die ideale weibliche Position, die den Frauen von den Männern noch nie streitig gemacht wurde.«

URH nimmt jedoch nicht nur für die Frauen und die Homosexuellen Partei, sie wendet sich auch den Heterosexuellen in der Priesterschaft wohlmeinend zu. Sie würden immer stärker von den homosexuellen Klerikern dominiert und überstimmt und seien deshalb weiter von jeder Reform entfernt als zu Zeiten Luthers. Im Vatikan hätten Heteros kaum noch Aufstiegschancen, zitiert sie eine katholische Zeitschrift. Die Spitzengeistlichen der Kurie hätten sich längst mit »Madonnos« umgeben, zu Deutsch etwa »männliche Madonnen«, mit gut aussehenden schwulen und jungen Karrieristen, die ihren Körper gezielt für ihr Fortkommen einsetzen könnten. »Die homoerotischen Verfehlungen des Klerus nehmen zu«, stellt sie fest. Da sei es dann andererseits wieder tröstlich zu lesen, dass der pädophile Wiener Erzbischof Kardinal Hermann Groer aus dem Verkehr gezogen sei und seine letzte Bleibe ausgerechnet in einem Nonnenkloster gefunden habe. Als er dort im März 2003 im Alter von 83 Jahren starb, stellte ihn der Kölner Kardinal Joachim Meisner bei der Feier des Requiems auf eine Stufe mit der »Gottesmutter Maria«. Groers letztes Lebensjahrzehnt sei von dunklen Wolken überschattet gewesen, sagte Meisner, um dann nach diesem meteorologischen Bild fortzufahren: »Sein Herz war wie das Marias vom Leiden durchbohrt.«

Streng ins Gericht geht URH mit dem »Patron aller Moralisten und Beichtväter«, Alfons Maria von Liguori (1696–1787), dem Gründer des Ordens der Redemptoristen. Der heilig gesprochene Klosterbruder und spätere Bischof hat mit seinem umfangreichen Werk die katholische Moraltheologie der neueren Zeit maßgeblich beeinflusst. Als Bischof, so wird berichtet, sprach er mit Frauen nur, wenn sie am Ende einer langen Bank saßen, während er am anderen Ende ihnen den Rücken zukehrte – ein hochgradig gestörter Psychopath nach heutigem Verständnis also. Auf ihn geht zurück, dass bis heute zwischen reinen und unreinen Körperteilen unterschieden wird und dass Kinder sich »unrein« ansehen oder ansehen lassen. Noch 1900 schrieb der Moraltheologe Franz Adam Göpfert: »Bei Tänzen leicht die Hand einer Frauensperson anzufassen, ist entweder keine Sünde oder nur eine lässliche Sünde« – wie tröstlich! Der ausgeprägten Gründlichkeit von URH verdanken wir die Erkenntnis, dass sich Göpfert sechs Jahre später in dieser Frage nicht mehr so sicher war. Er ließ den Satz in der Neuauflage seiner Moraltheologie weg.

Der aktuellere Moraltheologe Bernhard Häring unterteilt 1967 die »Sünden der Unschamhaftigkeit« nach Blicken, Berührungen, Reden und Lektüre. Eine Kostprobe: »Eine Menge von Gefahren des anonymen Flirts bieten die heutzutage oft übervoll besetzten Verkehrsmittel« – eine Aussage, die bis heute nichts von ihrer Bedeutung verloren hat. Wohin diese verklemmten Sexualvorstellungen führen, beschreibt URH in einer Abhandlung über die deutschen Kirchenfürsten, die von den Kanzeln Adolf Hitler priesen, weil er gegen »Unsittlichkeit, für keusche Jugenderziehung, gegen Ausschreitungen im Badeleben und gegen die Pest der schmutzigen Literatur« war. Sogar Maria wurde für nationalsozialistische Ideen eingespannt. URH besorgt sich das 1936 erschienene Buch »Jungfrau sein« eines Pfarrers, das vom Bistum Münster unter Bischof von Galen die Druckerlaubnis erhielt auch für die Sätze: »So blühte um das Marienbild ein gesundes, reines, gütiges Frauentum, das in höchster Achtung und Wertung stand. Was damit auch im Hinblick auf Rassengesundheit und Rassenveredelung gegeben war, braucht wohl nicht weiter ausgeführt zu werden.«

Doch damit nicht genug. URH zitiert Aufzeichnungen aus dem Nachlass des Münchner Kardinals Michael Faulhaber über ein Gespräch mit Hitler ebenfalls 1936. Hitler wollte Erbkranke zur Verhinderung von krankem Nachwuchs sterilisieren lassen. Sterilisation aber hätte Lustfähigkeit ohne Zeugung bedeutet, das durfte auf keinen Fall zugelassen werden. Also empfahl Faulhaber seinem weltlichen Führer, »in gerechter Notwehr diese Schädlinge von der Volksgemeinschaft fernzuhalten ... und die erbkranken Menschen zu internieren«. Internierungslager aber bedeuteten damals nach allgemeinem Sprachverständnis Konzentrationslager. Im Bertelsmann-Universallexikon steht heute hinter dem Namen Faulhaber trotzdem noch »entschiedener Gegner des Nationalsozialismus«.

Bernhard Häring, der Moraltheologe der neueren Zeit, forderte noch 1967, dass Brautleute »vor der Verlobung ein Gesundheits- und Erbgesundheitszeugnis austauschen« sollten. In »ernsten Fällen« – er nennt dann Bluter, Kurzsichtige, Blinde und Taube – »mag von einer Eheschließung dringend abzuraten sein«. »Der Rat, zu schweigen, wäre für die Sexualmoraltheologie der beste Rat«, fasst URH das Ergebnis ihrer Darstellungen zusammen.

14 Jahre nach dem Erscheinen der »Eunuchen« holt Gott der Herr den Paderborner Erzbischof Kardinal Johannes Joachim Degenhardt heim in sein himmlisches Reich. URH hat über ihn in ihrem Kopf eine Menge gespeichert und in ihren Schränken einen Stapel Papier gesammelt. Degenhardt war es, der 1991 ihrem Kollegen Eugen Drewermann die Lehrerlaubnis an der Katholischen Hochschule Paderborn entzogen, ihm im Januar 1992 ein Predigtverbot erteilt und ihn von seinem Amt suspendiert hatte. Drewermann, der jetzt als Autor und Psychotherapeut arbeitet, hatte u.a. gelehrt, nur Jesu Seele sei auferstanden und Jesus habe die Kirche, wie sie sich heute darstellt, mit Sicherheit nicht gewollt.

Aber URH erinnert sich außerdem noch an eine andere Begebenheit, die sie archiviert hat. Als sie von mehreren Sendern um Kommentare zum Tod von Degenhardt gebeten wird, bringt sie zunächst die Lacher auf ihre Seite mit der Ankündigung, dass man über Tote doch nur Gutes sagen dürfe, folglich sage sie jetzt, dass Degenhardt ein treuer vorauseilender Diener des Papstes und ein guter Hirte gewesen sei. Danach folgt der vielfach erprobte Satz: »Wir Frauen sind ja in der Kirche immer nur die Schafe.« Degenhardt sei aber auch ein vorausschauender Hirte gewesen, denn er habe das aktuelle Thema Kindesmissbrauch schon 1994 angesprochen, im Juni vor 4000 Gläubigen im sauerländischen Medebach, allerdings Missbrauch nicht durch Priester, sondern durch den katholischen Hausmann.

»Durch den katholischen Hausmann?«, fragt der Moderator verunsichert.

»Ja, wenn die Familie ein Kind bekommt und die Mutter nach einiger Zeit wieder arbeiten gehen will. Wenn in solchen Fällen statt der Mütter dann junge Männer stärker mit der Pflege von Kleinkindern betraut sind und dabei ›häufig die nackten Kinderkörper sehen, sie berühren und sauber machen müssen‹, dann ist laut Degenhardt die Gefahr groß, dass sie Begierden nicht widerstehen können. Der viele Körperkontakt mit dem jungen Kind bei der Pflege, so Degenhardt, könne dem Vater ›sicher oft‹ zum Verhängnis werden.«

»Das ist ja schon pathologisch«, bemerkt der Moderator.

»Ist es auch«, beschließt URH das Interview.

Der zweite Streich

Die »Eunuchen« werden zu einem Welterfolg, ähnlich wie van der Veldes »Vollkommene Ehe«. Ende der 80er Jahre kommen immer mehr Leute zu ihren Vorlesungen, überwiegend Gasthörer, »manchmal sitzen da fünf Chefärzte auf einmal«. URH freut sich besonders über diejenigen Studenten, die für das katholische Lehramt bei ihr keinen gültigen Schein mehr bekommen können und die trotzdem die Lehrveranstaltungen besuchen. »Auf diese Weise habe ich keinen einzigen Schein-Studenten.« Der Erfolg des Buches bleibt nicht verborgen, Neider streuen Gerüchte aus und unterstellen ihr, sie habe offenbar ein ausschweifendes Sexualleben geführt, ja, sie sei »vom Sex besessen«.

URH hält dagegen, dass seit Jahrhunderten Frauen wirkungsvoll dadurch diffamiert werden, dass man ihnen sexuelle Abartigkeit unterstellt. »Das ist dasselbe Muster wie in den Kriegsberichten, in denen der Feind stereotyp Müttern die ungeborenen Kinder aus dem Bauch schneidet oder die Köpfe der Babys an Mauern zerschmettert. Das taucht bei den Phöniziern auf und bei den Assyrern und jetzt eben bei den Taliban. Wenn ich das heute lese, glaube ich davon erst einmal nichts. Es ist kein Widerspruch, dass ich so viel über Sex weiß, dies aber nicht ausgelebt habe. Ich habe das vergeistigt, ebenso wie Edmund. Ich will darüber aber nicht reden. Nur so viel: Ich bin extrem monogam und würde meilenweit laufen für einen guten Witz, aber vulgäre Witze kann ich einfach nicht ertragen.«

URH wird immer häufiger zu Talkshows und Interviews eingeladen oder gebeten, für Zeitungen oder Zeitschriften Abhandlungen zu schreiben. Nach einer Weile sieht sie die Gefahr, dass sie als Folge ihrer permanenten Beschäftigung mit der Sexualmoral gewissermaßen zur »Beate Uhse oder Frau Kolle der katholischen Kirche« hochstilisiert wird. In dieser Situation kommt ihr entgegen, dass sie bei der Beschäftigung mit diesem ihrem Hauptthema auf zahlreiche andere Ungereimtheiten der katholischen Lehre gestoßen ist. Neben dem Stapel »Jungfräulichkeit« hat sich im Laufe der Jahre ein zweiter Stapel »Auferstehung« gebildet, daneben ein Türmchen »Todesstrafe« und ein weiteres mit dem Stichwort »Abendmahl«. Zum letztgenannten Thema will ihr einfach nicht in den Kopf, dass die weitaus meisten Protestanten Brot und Wein als Symbole ansehen, während Katholiken glauben müssen, dass daraus nach der »Wandlung« reales Fleisch und reales Blut Christi geworden ist. Welch ein Kannibalismus! Das muss doch auch noch alles aufgedeckt werden!

Der Verlag Hoffmann und Campe spürt, dass diese Autorin für einen weiteren Welt-Bestseller gut ist. URH zögert lange. »Ich prüfe alles genau, ich drehe jedes Steinchen dreimal um, bevor ich es wegwerfe oder verwende.« Und, um im Bild zu bleiben: sie ahnt die Gefahr, dass irgendwann die ganze Mauer zusammenbricht, wenn sie ihr nach und nach immer mehr Steine entnimmt. »Ich hatte nie die Absicht, meine eigenen christlichen Wurzeln zu vernichten, das wäre auch eine Trennung von meinen lieben Eltern gewesen. Und ich wollte doch auf keinen Fall eine neue Reformation mit den unausweichlichen gewaltsamen Umstürzen.« Trotzdem sagt URH eines Tages zu, bis Ende 1991 ein zweites Buch zu schreiben. 1992 wird es bei Hoffmann und Campe erscheinen, der Titel »Nein und Amen – Anleitung zum Glaubenszweifel«.

Aber noch dreht sich alles um die »Eunuchen«. Das Werk wird in zahlreiche Fremdsprachen übersetzt, wobei sich URH in allen Verträgen vorbehalten hat, dass sie die Übersetzungen autorisieren muss. Aus gutem Grund, denn die Übersetzer waren oft Theologen, die die Kritik an der Kirche nicht akzeptieren wollten und deshalb immer wieder versuchten, Formulierungen zu entschärfen.

»Ich habe gut zehn Jahre meines Lebens mit der Korrektur von Übersetzungen meiner Texte verbracht. Die Regale in einem Zimmer sind voll mit diesen Korrekturen. Am schlimmsten waren die Übersetzer in Brasilien, Italien und Polen. In Brasilien hatte der Übersetzer gar nicht den Originaltext, sondern eine englische Übersetzung zugrunde gelegt und alle Spitzen gegen die Kirche entfernt. In Italien meinte der Lektor, er könne gar nicht verstehen, dass dieses Buch in Deutschland ein Bestseller sei, es sei doch schrecklich langweilig. Ich musste ihm Recht geben, denn der Übersetzer hatte nicht nur alle kritischen Stellen umgearbeitet, sondern auch alle Pointen versaut. Und ich habe doch an manchen Formulierungen tagelang gebastelt und gefeilt«, entrüstet sich URH.

In Polen traf ihr Zorn ausgerechnet einen jüdischen Wissenschaftler, der schließlich wegen der vielen Korrekturen beleidigt war. URH machte dem Verlag klar, dass sie jetzt Polnisch lernen werde, was sie auch drei Jahre intensiv tat. Als sie endlich ihren eigenen Text selber ins

Polnische übersetzen konnte, waren insgesamt vier Jahre vergangen. Der Verlag gestaltete den Umschlag und die Seiten außerordentlich geschmackvoll. »Ich bin stolz, dass ich in Polen eine höhere Auflage erreicht habe als der Papst mit seinem Buch ›Die Schwelle der Hoffnung überschreiten‹. Monatelang haben wir uns an der Spitze der polnischen Bestsellerliste abgewechselt, nach einem Jahr stand ich auf Platz 6 in der Liste der am meisten verkauften Bücher, der Papst kam unter ›ferner liefen‹.«

In Spanien gaben mehrere Verlage auf, weil URH die Übersetzungen nicht anerkannte. Ein Übersetzer, selber Augustinerpater, machte aus dem Satzteil »Wie alle Neurotiker hat auch Augustinus ...« die Übersetzung »Wie alle bedeutenden Philosophen hat auch Augustinus ...«. Aus der ironischen Geschichte, dass Augustinus nach seiner Bekehrung zum Christentum seine Frau verstoßen, aber seinen Sohn bei sich behalten hatte, wurde im spanischen Text, die Frau habe Augustinus verlassen, der sich dann besonders liebevoll um seinen Sohn gekümmert habe.

Nach eigener Einschätzung ist URH am meisten beliebt in Spanien und Italien. Spanien steht wahrscheinlich deshalb an erster Stelle, weil sie die Sprache perfekt spricht und dank der wöchentlichen Lektüre der Illustrierten »Hola« allen Klatsch und Tratsch aus Adelskreisen kennt und ihn geschickt in die Unterhaltung einzubauen weiß. »Ich weiß von allen Prominenten, ob sie geschieden, schwul oder bisexuell sind und wer mit wem eine Affäre hatte.«

Nach Italien war sie sechsmal eingeladen, davon zweimal in die mit »Boulevard Bio« vergleichbare Maurizio-Costanzo-Show. Das italienische Frauenmagazin »Amica« fragte sie nach einem Rat, wie sich Katholiken verhalten sollten. URH antwortete: »Tun Sie, was Ihnen Spaß macht. Tun Sie alles, was Sie wollen.« Die Redakteurin fiel ihr dankbar um den Hals: »Mein Gott, für diese einfache Antwort bin ich sechs Jahre in psychiatrischer Behandlung gewesen.« Als Überschrift für den Amica-Bericht wählte sie »Grazie, Uta!«.

Am besten gefällt der Autorin die niederländische Ausgabe, weil die Übersetzerin mit großem Verständnis und Einfühlungsvermögen ans Werk gegangen sei. »Eunuchs for the Kingdom of Heaven« wurde zuerst von der britisch-amerikanischen Doubleday-Gruppe herausgegeben und dann von der Penguin-Gruppe übernommen. Der Umschlag der amerikanischen Ausgabe zeigt die Rücken von vier Kardinälen und trägt den Untertitel »Women, sexuality and the catholic church«. Die Presse lobt URH in höchsten Tönen: »Das Buch, das Rom anklagt« (New York Times), »leicht lesbar und witzig« (Catholic Herald), »provokativ mit einer Unmenge von Fakten« (The Boston Globe), »eine konzentrierte akademische Untersuchung und doch für jeden leicht zu verstehen« (San Francisco Chronicle) oder »Material für den Kampf gegen zweitausend Jahre kirchlicher Bevormundung« (Los Angeles Times).

Vom Umschlag der englischen Ausgabe lachen einem vier fröhliche Karten spielende Bischöfe entgegen, eine echte Männerrunde. Im Observer schreibt Anthony Burgess voller Ironie: »Die einzige kirchliche Antwort, die mir auf dies Buch möglich erscheint, ist ein Dogma, durch das alle Frauen für seelenlos erklärt werden.« »Ein beunruhigendes Buch über die Geschichte der Frauenfeindlichkeit und die sexuelle Verklemmung in der katholischen Kirche«, urteilt der Sunday Telegraph. Auf der Rückseite der brasilianischen Ausgabe »Eunucos pelo reino de Deus« lobt Rose Marie Muraro URH als die bedeutendste katholische Theologin der Welt, verlegt dann aber ihren Lehrstuhl von Essen nach Heidelberg …

1989 durchlebt URH wegen der »Eunuchen« eine höchst unerfreuliche Zeit. In der Ausgabe vom 13. März steht im »Spiegel« unter der Überschrift »Seitenweise Blödsinn« im Fettsatz Folgendes: »Die katholische Theologieprofessorin Uta Ranke-Heinemann hat ihren Bestseller ›Eunuchen für das Himmelreich‹ streckenweise wörtlich abgeschrieben, ohne jeweils exakt die Quellen anzugeben.«

Dies ist mit Verlaub eine journalistische Todsünde. So, wie er da steht, ist der Satz eine Tatsachenfeststellung, die der »Spiegel« trifft – für jeden Autor eine schwere Beschuldigung. Doch es war gar nicht der »Spiegel«, der auf die Idee gekommen war, den Eunuchentext mit Quellen zu vergleichen. Dies hatte der Bamberger Kirchengeschichtler Professor Georg Denzler getan, der 1973 seine Lehrbefugnis verlor, weil er als Priester geheiratet hatte. Überschrift und Vorspann des Spiegel-Artikels hätten also korrekterweise in Anführungszeichen gehört und als Zitat gekennzeichnet werden müssen.

Chefredakteur Erich Böhme, heute vor allem als Talkshow-Gastgeber bekannt, erkannte sofort die Brisanz des redaktionellen Fehlers und räumte URH einen fast ganzseitigen »Kasten« für ihre Gegendarstellung ein. Immerhin leuchtet auch dem Laien ein, dass bei der

Übersetzung eines Textes unabhängig von der Zahl der Übersetzer immer ungefähr dasselbe herauskommen muss. URH aber konnte zusätzlich nachweisen, dass sie nur die Urtexte verwendet und übersetzt hatte, während andere Theologen bereits fertige Übersetzungen in Lateinisch oder sogar in Englisch benutzt hatten. Wieder einmal erwies sich ihre Gründlichkeit und Korrektheit als ein wichtiges Argument bei der Rückgewinnung ihrer Glaubwürdigkeit.

In den Vereinigten Staaten griff der Theologe John T. Noonan Denzlers Anschuldigungen auf und behauptete, URH habe auch seine Texte übernommen. Ihre amerikanischen Verlagsanwälte wollten aus Furcht vor einer Millionen-Dollar-Klage sogar die Auslieferung der »Eunuchen« stoppen, aber dann traf ein Brief von Noonans Anwälten ein. Sie betonten insbesondere, ihr Mandant beherrsche die lateinische Sprache. »Da ging mir ein Licht auf«, erinnert sich URH, »denn der Urtext war in Griechisch, und Griechisch ist nun einmal eine meiner alten Lieblingssprachen. Nach dieser Klarstellung hörten in den USA die Attacken sofort auf. Wir haben alle Prozesse gewonnen und keinen Cent gezahlt.«

Ähnliche penibel ging URH vor, als sie beschuldigt wurde, aus einem Werk des Jesuiten Peter Browe abgeschrieben zu haben, ohne die Quelle zu nennen. Hier genügte ein Hinweis auf Seite 236 ihrer »Eunuchen«, dort stand deutlich lesbar für alle der Vermerk: »Browe, Sexualethik des Mittelalters, S. 44«. Genauer geht es nun wirklich nicht. Am meisten überzeugte schließlich ihre Anmerkung, in ihrer Übersetzung der »Hexenbulle« würden zwar dieselben Städte aufgezählt wie in Browes Text, bei ihr fehle aber die Stadt Bremen. Die werde nämlich im Originaltext gar nicht genannt und sei erst in neuerer Zeit in eine Übersetzung eingefügt worden. Sie habe folglich den Originaltext, Browe jedoch eine spätere Abschrift verwendet. Auf die Frage, warum ihr Kollege Denzler den Plagiatsvorwurf erhoben hat, kommt ihr nur der Verdacht in den Sinn, dass Denzler aus Missgunst gehandelt haben könnte, weil sich sein eigenes Buch »Die verbotene Lust – 2000 Jahre christliche Sexualmoral« vom März 1988 nicht mehr so gut verkauft habe, seitdem ihre »Eunuchen« im August desselben Jahres auf den Markt gekommen waren.

Wie steckt eine Frau, die zu kämpfen gelernt hat und gerne auch selber austeilt, derartige Angriffe weg? »Ich war davon ganz krank. Ich habe mich nicht mehr zum Aldi getraut, weil die Leute glauben konnten, ich hätte alles abgeschrieben. Edmund hat mich schließlich überzeugt, dass die meisten Leute, die zum Aldi gehen, solche Texte gar nicht lesen. Aber es kamen auch immer wieder Leute in meine Vorträge, die das behaupteten. Das ist dann immer mühevoll und langwierig, die Quellen zu nennen und diese Leute zu widerlegen. Jede meiner Übersetzungen ist meine eigene.«

Wahrheit aus zweiter Hand

Wer viel fragt, bekommt viele Antworten. Wer viel forscht, gewinnt viele neue Erkenntnisse. Hatte URH bis dahin vor allem den Bereich der katholischen Moraltheologie auf Widersprüche und Unglaubwürdiges untersucht, so machte sie sich Ende der achtziger Jahre an die Arbeit, um weitere Absonderlichkeiten, Mythen, Märchen und Legenden aufzuspüren. In »Nein und Amen«, 1992 bei Hoffmann und Campe erschienen, fasst sie die Ergebnisse ihrer »Ermittlungen« zusammen.

Als sie mir damals vorab einen Korrekturabzug der 357 Seiten gab, war ich gleich von der ersten Minute an fasziniert vom Witz und von der Volkstümlichkeit, mit der URH die historischen und theologischen Sachverhalte auf den Punkt bringt. So wie manchmal Musik sich erst leise ins Ohr einschmeichelt, um schließlich mit einem Paukenschlag zu enden, beginnt sie mit einer Geschichte, die alle kennen: mit dem Weihnachtsevangelium nach Lukas. Das heißt, sie beginnt eigentlich schon vorher mit dem Großreinemachen, denn da beschreibt sie, dass das Lukasevangelium keineswegs von Lukas stammt, einem Begleiter des Paulus, sondern von einem unbekannten Autor, genau so wie das Matthäusevangelium nicht von dem Apostel Matthäus, sondern ebenfalls von einem Unbekannten geschrieben sei.

Die so eingestimmte Leserschaft erfährt dann, was von der Geschichte der Volkszählung zu halten ist, zu der Josef mit Maria angeblich nach Bethlehem aufbrach: »Schon mit der Behauptung einer derartigen Volkszählung erweist sich der ganze Bericht als Fabel. Kein römischer Kaiser hat jemals einen so unsinnigen Völkerwanderungsbefehl gegeben, der die Einwohner des Reiches kreuz und quer durch die Länder in ihre Heimatstädte und wieder zurück zu ihrem Wohn- oder Aufenthaltsort in Bewegung gesetzt hätte. Eine solche Steuerschätzungsmethode wäre absurd und undurchführbar gewesen.«

Weg der Lichterglanz des Weihnachtsfestes, weg der Duft der Kerzen und die rührselige Stimmung, die Weihnachtsgeschichte ein Märchen. »Der Mensch ist ein gutgläubiger Mensch. So ist er der ideale Boden für Religion ... Wenn eine Autorität ihm in göttlichem Auftrag entgegentritt, scheint ihm jeder Zweifel sündhaft«, heißt es einige Seiten vorher. »Der Mensch wird von der Kirche zum Glauben gerufen und nicht zum Denken ... Die Kirche redet nur von der Verletzung der religiösen Gefühle. Sie achtet leider zu wenig auf die Verletzung des religiösen Verstandes ... Diesem suchenden Verstand wollen die folgenden Darlegungen eine Hilfe sein.«

Um wissenschaftlichem Anspruch zu genügen, führt URH bis in alle Einzelheiten an, wie die Welt damals aussah und wo es im Jahr 6 n. Chr. tatsächlich eine kleinere Volkszählung gegeben hat. Auf alten Karten misst sie millimetergenau nach, dass der Weg von Nazareth nach Bethlehem 130 Kilometer lang, beschwerlich und gefährlich war. Sie berücksichtigt die Höhenunterschiede und Temperaturen im Gebirge und kommt zu dem Schluss: So kann es niemals gewesen sein. »So ist Jesus, was die konkreten Daten seiner Geburt betrifft, nahezu wie ein Phantom in die Geschichte eingetreten und, da wir auch sein Todesjahr nicht kennen, in der gleichen Undeutlichkeit wieder aus der Geschichte herausgegangen. Und wir haben nichts Konkretes in der Hand, nur die Spuren, die er in der religiösen Landschaft Palästinas hinterlassen hat.«

»Sie sind eine Hexe und machen alles kaputt, was uns hoch und heilig ist!« So oder so ähnlich heißt es in vielen Briefen, in denen URH wegen solcher Enthüllungen beschimpft wird. Ihr Anliegen, dass die Christen öfter einmal den Verstand benutzen sollten statt den Glauben, wird in solchen Briefen meist gar nicht zur Kenntnis genommen. »Können Sie eigentlich nicht richtig lesen? Es steht doch alles genau in der Bibel« – eine solche Argumentationsweise ist in derartigen Briefen immer wieder anzutreffen. »Sie sollen nicht immer nur denken, Sie müssen auch mal glauben!« Ratzinger hat offensichtlich genug Gefolgsleute gefunden.

Einfach nur glauben – das war noch 1968 so, als sie den Erbauungsband »Christentum für Gläubige und Ungläubige« schrieb. Damals hatte sie noch die feste Absicht, »Mirakulöses, Mysteriöses, Unverständliches, Unverstandenes und Falsches« im Christentum »auf das einfache Eigentliche« zurückzuführen. »Erst in solcher Einfachheit bewahrt sich das Christentum davor, sich in einem Wust von Unverständlichem und Unverstandenem zu simplifizieren.« Damals also wollte sie noch zurück zu einer »Theologie der radikalen Einfachheit«. In »Nein und Amen« rückt sie von diesem Ziel immer mehr ab. Viel bleibt am Ende nicht mehr übrig vom traditionellen Christentum, das merkt URH deutlich beim Schreiben der Texte. Sie hat Angst vor dem Bruch und beruhigt sich selbst: »Vielleicht ist manchem Menschen von Gott sein Zweifel als die verschwiegene Heimat seiner Hoffnungen zugewiesen.« Gott begreifen oder definieren zu wollen, das hält sie für vermessen. »Der Esel stellt sich Gott als Esel vor, der Papst stellt sich Gott als Mann vor. Vater, Sohn und Heiliger Geist – Dreifaltigkeit. Was aber ist, wenn es vier sind?« Bei den sonntäglichen Spaziergängen mit ihrer Freundin Anna vom Opus Dei zieht sie die Spanierin gern damit auf: »Stell dir vor, du kommst in den Himmel, und da stehen dann vier statt drei. Was dann?« Mit Anna versteht sie sich übrigens deshalb so gut, weil Anna jeder Ameise auf dem Boden ausweicht. »Solche Menschen, die das kleine Tier achten, sind mir lieber als Christen, die die Todesstrafe oder den Krieg befürworten.«

Das »Weihnachtsmärchen« ist erst der Anfang des Versuchs, die »Summe Christentum« vom »Müll der Tradition und Geschichte« zu befreien. Als nächsten Komplex nimmt sie sich die Kindheitsgeschichte Jesu vor, angefangen bei der zu Weihnachten gefeierten Geburt bis zu den »Drei Königen« im Kölner Dom. URH stellt nach den Darstellungen von Matthäus und Lukas genaue Zeitberechnungen an und kommt zu dem Schluss, dass Jesus noch mit zwei Jahren in der Krippe gelegen haben muss. »Er war also wohl kein sehr lebhaftes Kind. In diesem phlegmatischen Charakterzug war Jesus offenbar nach dem Vater geschlagen, der nach all der Zeit immer noch mit seiner Familie im Stall festsaß.« Fazit: Ein Märchen widerlegt das andere.

Mit ungeheurer Gründlichkeit weist URH den Evangelisten nach, wo immer sie versucht hatten, Ereignisse im Leben Jesu zu finden, die als Erfüllung von Prophezeiungen aus dem Alten Testament angesehen werden könnten. Notfalls werden sie einfach erfunden, schreibt sie. »Solche erfundenen Erfüllungen von alten Weissagungen nennt man ›Erfüllungssagen‹. Das ist wie bei Eugen Roth, wo das Wiesel auf dem Kiesel um des Reimes willen saß.«

Wie bei Eugen Roth? Auch mit 75 Jahren ärgert sich URH noch jedes Mal aufs Neue über diesen Fehler, denn der Erfinder des Wiesels auf dem Kiesel inmitten Bachgeriesel war Christian Morgenstern. »Ja, ja. Ich schäme mich, wirklich. So ein Fehler quält. Aber wie heißt es doch so schön: Manchmal schläft auch der große Homer. Leider«, verriet sie im Interview mit Hans-Dieter Schütt für »Elefanten Press«. In den neueren Auflagen ist der Fehler selbstverständlich korrigiert.

Als lustiges Beispiel einer Erfüllungssage analysiert URH die Aussagen der Evangelisten über den Einzug Jesu in Jerusalem »auf dem Rücken einer Eselin und ihres Füllens«. Sie findet dazu sogar ein passendes Jesuswort, allerdings aus dem koptischen (nicht anerkannten) Thomas-Evangelium: »Es ist nicht möglich, dass ein Mann zwei Pferde besteigt.« Das zweite Beispiel ist nicht so lustig. »Erfüllung einer Prophezeiung ist auch die schreckliche Herodesgeschichte mit dem Mord an den kleinen Jungen von Bethlehem. Trauer über diese Tode brauchen wir dennoch nicht zu empfinden. Die ganze Geschichte ist wie die der drei Weisen aus dem Morgenland ein Märchen ... Von Herodes kennen wir genügend Schandtaten, aber die des bethlehemitischen Kindermordes ist nicht dabei. Es handelt sich lediglich um eine christliche Verleumdung.« URH findet es im Übrigen unverantwortlich von Maria und Josef, denen Gott dem Neuen Testament zufolge im Traum einen Engel zur Rettung seines eigenen Sohnes geschickt hatte, dass sie die anderen Eltern nicht vor der drohenden Gefahr durch Herodes gewarnt haben ...

Am Beispiel der drei »Weisen aus dem Morgenland« weist URH nach, wie im Laufe der Jahrhunderte Fakten hinzugedichtet wurden: Aus den Magiern wurden allmählich bis zum 6. Jahrhundert Könige, im 8. Jahrhundert bekamen sie die Namen Kaspar, Melchior und Balthasar, danach hieß es, sie seien jung, mittelalt und alt gewesen, und schließlich kamen sie sogar gleichzeitig aus drei Erdteilen an, aus Europa, Asien und Afrika. »Im Kölner Dom wollen heute noch manche Leute über ihrem Sarg ein Licht wie ein Stern gesehen haben, andere behaupten, das sei nur der Widerschein der Kölner Straßenbeleuchtung.« So viel zu Weihnachten.

Im Kapitel »Die Mutter-Jungfrau« ergänzt URH die Jungfrauenhäutchen-Geschichten aus den »Eunuchen«. Natürlich fällt ihr immer wieder Neues dazu ein, ja, sie nimmt sogar schon vorweg, was erst zehn Jahre später unter dem Begriff »Klonen« allgemein bekannt wird. »Die erste Zelle Jesu bei einer Jungfrauengeburt war allemal eine weibliche Eizelle. Und wenn bei einer Frau wunderbarerweise diese erste weibliche Zelle, das weibliche Ei, ohne Zutun eines Mannes sich zu teilen begänne, so dass durch immer weitere Teilung der Zellen ein Mensch entstände, dann könnte aus solcher jungfräulicher Schwangerschaft immer nur ein weiblicher Mensch entstehen.« Die Kleriker haben ein leichtes Spiel, sie später zu rügen: »Sie unterschätzt die Allmacht Gottes.«

Ein weiteres Kapitel behandelt die Engel. URH missfällt, dass Gabriel erstens ohne anzuklopfen in Marias Stube tritt und zweitens nicht einmal seinen Namen nennt. Sie aber weiß ihn sofort: Gabriel. Dann bemängelt sie, dass der Evangelist die Gelegenheit ausgelassen hat, der Nachwelt zu berichten, ob ein solcher Engel groß oder klein, dick oder dünn, normal wie ein junger Mann, alt wie ein Greis oder gar wie ein Astronaut aussieht. Schließlich: »Warum gibt es nur lauter Männerengel? Engel heißen immer Michael oder Gabriel oder Raphael, aber niemals hat irgendjemand irgendwas von einem Engel gehört, der etwa Sieglinde hieße oder Annemarie.«

Wo Engel sind, sind die gefallenen Engel nicht fern, die Teufel. URH benennt ihre gefährlichste Kategorie: die Fanatiker. Beiläufig klärt sie darüber auf, dass der Begriff »religiöse Fanatiker« eine Tautologie ist wie der »weiße Schimmel«, weil Fanatismus von dem lateinischen Wort »fanum« (das Heiligtum) abgeleitet ist; der Gegensatz, das Profane, ist bekannter. »Beispiele für schwere Verbrechen aus Fanatismus ... sind Kreuzzüge, Inquisition, Ketzer- und Hexenverbrennung, heiliger Krieg und Gottesstaat.« So viel zu den Engeln.

Im Kapitel über »Jesu Stammbäume« bemängelt URH, dass darin Frauen so gut wie gar nicht vorkommen, bei Lukas nur Maria, bei Matthäus nur vier Frauen, und zwar eine Blutschänderin, eine Dirne, eine Ehebrecherin und eine Ausländerin. Daraus folgert sie, dass schon sehr früh das männliche Interesse »an allem, was nach Femme fatale aussieht«, groß gewesen sei. Wohin dies Stammbaumdenken führt, zeigt URH ebenfalls auf: bis zu Hitlers Ariernachweis und zum Tod von vielen tausend Juden in Spanien, denen »unreines Blut« zum Vorwurf gemacht wurde. Schon 1391 fand ein angesehener spanischer Jude allerdings heraus, dass die Nachkommen von Maria als reinrassig galten und man sich deshalb nur »de Santa Maria« nennen musste, um der Verfolgung zu entgehen.

In der Abhandlung über die »Wunder Jesu« mahnt URH die Gläubigen, immer daran zu denken, dass diese Wunder Jesus schlichtweg angedichtet wurden. In der Legende von der Hochzeit zu Kana offenbare Jesus durch die Verwandlung von Wasser in Wein seine göttliche Macht auf die gleiche Weise, wie man dies schon vorher von dem griechischen Gott Dionysos erzählt habe. Außerdem mache es keinen Sinn, ein Wunder zu bemühen, um total Betrunkene mit Wein aus Wasser noch besoffener zu machen.

Anders bewertet sie die Heilung Kranker. »Trotz aller legendären Ausschmückung und Übertreibung dürfte ein historischer Kern ärztlicher Tätigkeit Jesu nicht zu widerlegen sein.« Als Erklärung für seine Erfolge vermutet sie, dass Jesus den Ursachen einer Erkrankung auf den Grund ging und Krankheit nicht länger als eine Strafe Gottes ansehen wollte. Überdies sei auch heute noch gültig, dass bereits die Erwartungshaltung des Kranken eine Heilung bewirken könne. »Außerdem sind Wundermärchen wahre Wandermärchen. Sie wurden vorher von anderen erzählt und sind auch Jesus zugewandert. Nun stehen sie im Neuen Testament, insgesamt etwa 30 Fälle.« So stamme das Wunder der Brotvermehrung aus dem Alten Testament, dort habe Elischa 4000 Leute ernährt und geheilt, Tote auferweckt und Blinde sehend gemacht, allerdings auch einige Sehende blind. Glücklicherweise habe er in Jesus hinsichtlich dieses »Schadenswunders« keinen Nachfolger gefunden.

Die »Wasserwunder« – die Befehlsgewalt über Meer und Sturm, das Wandeln über den See – verweist URH in die vorchristliche Antike und in andere Religionen. »Da hilft es nichts, dass so etwas auch von Buddha erzählt wird, darum wird es doch nicht wahr … Man hat mit den Wundergeschichten den Blick auf Jesus und das wahre Wunder der Liebe Gottes nicht geöffnet, sondern versperrt.«

Im Juli 2002 erregt sie sich über ein modernes Wunder, denn da wird im Vatikan-Fernsehen den ganzen Tag lang die Heiligsprechung von Padre Pio übertragen. Der Kapuzinermönch war 1968 mit 81 Jahren gestorben und soll dem Krakauer Kardinal Wojtyla geweissagt haben, dass er Papst und Opfer eines Attentats wird. Padre Pio war angeblich stigmatisiert, d.h. sein Körper zeigte die Wundmale Jesu. Er soll viele Gläubige geheilt haben, wurde aber in den zwanziger Jahren von der Kirche in Rom als Hysteriker und Scharlatan abgelehnt und durfte keine Messen lesen. Seitdem pilgerten aber trotzdem Millionen Italiener nach San Giovanni Rotondo und brachten dem Ort und dem Orden viel Geld ein.

»Padre Pio ist ein gutes Beispiel dafür, wie hysterisch, dumm und unverschämt Katholiken sein können. Zeitlebens hatte er jede Untersuchung seiner Stigmata abgelehnt. Nach dem Tod untersuchte ihn eine Ärztekommission. Sie fand keinerlei Spuren von Wundmalen. Statt nun den Betrug einzugestehen, riefen sie aus, Gott habe ein zweites Wunder bewirkt und Padre Pio im Tod von seiner Stigmatisierung befreit. Ist das nun zum Lachen oder zum Heulen?«, fragt sich nicht nur URH.

Anfang 2003 wird sie an Padre Pios zweites Wunder auf sonderbare Weise erinnert, und zwar durch den amerikanischen Präsidenten George W. Bush. Als die beiden UNO-Inspekteure vor dem Weltsicherheitsrat erklärten, die hätten im Irak keine biologischen, chemischen oder atomaren Waffen gefunden, sagte Bush, dies sei der Beweis dafür, dass Saddam Hussein sie besitze.

Antijüdische Manipulationen

In den Kapiteln über die letzten Tage des Jesus von Nazareth lässt URH eine Vielzahl von Quellen sprudeln, um den Nachweis zu erbringen, wie die Evangelisten »die historischen Daten und Fakten manipuliert haben«. Ziel dieser Verfälschungen, das wird ihr schon nach kurzer Zeit klar, ist die Schuldverlagerung am Tode von Jesus von den Römern auf die Juden. Dieser falsch dargestellte Faktenverlauf habe über das jüdische Volk viel Unglück gebracht. »Die Evangelisten betreiben Schwarzweißmalerei auf Kosten der Juden«. Nur dadurch sei es möglich gewesen, dass sich z.B. Hitler mit Fug und Recht bei seiner Befürwortung der antisemitischen Passionsspiele von Oberammergau auf das Neue Testament berufen konnte. »Die Juden sind an allem Schuld. Nicht Pilatus, der Römer, sondern die Juden haben Christus umgebracht.« Mit der Darstellung, Pilatus habe seine Hände in Unschuld gewaschen, sei das Fundament zu einer langen und blutigen Geschichte der Verfolgung der Juden als den Mördern Christi gelegt worden. »Jesus ist aber nicht unter Pilatus, sondern von Pilatus hingerichtet worden, und zwar mit einer römischen, nicht mit einer jüdischen Todesstrafe.«

Als unglaubwürdig entlarvt URH auch die Schilderungen der Kreuzigung und Grablegung. Da Jesus nach übereinstimmenden Aussagen gemeinsam mit zwei anderen Straftätern hingerichtet wurde, sei es bei den damaligen Verhältnissen völlig undenkbar, dass er anders behandelt wurde als die neben ihm hängenden Gekreuzigten. Er sei wie alle anderen in einem Massengrab verscharrt worden, und zwar von den Römern und nicht etwa von einem reichen Mann, der in der Nähe einen Garten mit einem zufällig frisch ausgehobenen Grab besessen habe.

Im Zusammenhang mit der Kreuzigung zerpflückt URH dann gekonnt die Geschichte von dem Verräter Judas. »Er war in Wirklichkeit eine religiöse Märchengestalt. Sie ist eine Kunstfigur, … denn eine Gestalt des Dunkels neben einer Gestalt des Lichts ist immer faszinierend, das personifizierte Böse neben einer göttlichen Person insbesondere. Dieser in den Evangelien als Ausbund aller Bosheit dargestellte Judas hat nie existiert … Er wird schon durch seinen Namen als Repräsentant der Juden charakterisiert. Und wenn es auch Judas als Verräter nicht gegeben hat, so hat es doch den christlichen Hass gegeben, nicht nur auf diesen einen Mann, sondern auf sein ganzes Volk. Und dieser reale Hass ist das Schlimmste an der ganzen erfundenen Geschichte.«

Die Oster-Verkündigung ist für URH nichts weiter als eine Liebesgeschichte, wenn auch nur eine märchenhafte. Es ist die Geschichte einer Begegnung von Maria Magdalena mit Jesus nach seiner Grablegung. Am leeren Grab sagt der vermeintliche Gärtner ihren Namen: »Maria«. Da erkennt sie ihn und sagt auch nur ein einziges Wort: »Rabbuni« (Herr). Doch: »Das leere Grab Jesu am Morgen des Ostersonntags ist eine Legende«, stellt URH klar. »Das zeigt die einfache Tatsache, dass der Apostel Paulus, der entschiedenste Verkünder der Auferstehung Christi und zudem der früheste neutestamentliche Schriftsteller, davon nichts sagt. Wenn er jemals von einem leeren Grab gehört hätte, dann hätte er es auch so geschrieben«, argumentiert sie.

Paulus, so findet URH, hat die richtige Vorstellung vom Vorgang der Auferstehung. Sie hat mit einem leeren Grab nichts zu tun. Für Paulus spielt es keine Rolle, was aus dem Leichnam geworden ist, denn er sieht Auferstehung als einen geistigen Prozess an. »Es wird auferweckt ein geistiger Leib« (1 Kor 15,35–50).

– »Stimmt es, dass Sie diese Vorstellung von der Auferstehung teilen?«, frage ich URH im April 2002.

»Für mich bedeutet Ostern nicht mehr, aber auch nicht weniger, als dass es ein Leben nach dem Tode gibt. Seit Edmunds Tod habe ich nur noch das eine Ziel, ihn und meine lieben Eltern und andere liebe Menschen irgendwo wiederzusehen. Das stelle ich mir darunter vor.«

– »Aber Sie haben eben erst einen neuen Fernseher mit Satellitenschüssel und einen neuen Kühlschrank gekauft. Möchten Sie trotzdem immer noch auf dem schnellsten Weg ins Jenseits?«

»Klar möchte ich Edmund möglichst bald wiedersehen, aber jetzt eilt es nicht mehr so sehr. Ich habe sogar richtig Spaß gehabt, und zwar an der Osterausgabe der Westdeutschen Allgemeinen Zeitung. Links habe ich das alles vom leeren Grab und dem entfernten Stein davor als Legende und Märchen bezeichnet, und rechts verkündete der Weihbischof, dass das alles in Wirklichkeit so gewesen sei und man diesen Unsinn auch glauben müsse. Ich habe richtig herzlich gelacht.«

Weitere Details, wie sich URH die Auferstehung vorstellt, habe ich nicht erfahren. Sie hält es mit Konfuzius. »Der sagt, dass er nichts weiß, aber dann sagt er auch nichts. Er gefällt mir viel besser als alle Theologen, die nichts wissen, aber trotzdem zu allem etwas sagen.« Wenn ich URH richtig verstanden habe, dann hängt sie der Vorstellung an, dass Tod und Auferstehung eins sind, gleichzeitig geschehen, ein einziger Akt sind. Dass ein Leichnam zurück bleibt, spielt dabei keine Rolle.

Diese Vorstellung, verbunden mit Trauer und Schmerz, ist auch der Grund dafür, dass URH an der Beerdigung ihres Mannes auf dem Essener Parkfriedhof nicht teilgenommen hat. Die beiden Söhne hatten alle Formalitäten erledigt. Bis heute hat sie Edmunds Grab nicht besucht. Es besteht wenig Aussicht, dass sie ihre Ansicht ändern und doch irgendwann zum Friedhof gehen wird.

Nach Ostern feiert die Christenheit Himmelfahrt, in Deutschland allerdings inzwischen meist nur noch »Vatertag« genannt. Natürlich hat es auch keine Himmelfahrt gegeben, doziert URH. »Wo gibt es denn so was, dass einer während eines Essens in den Himmel auffährt, ohne vorher zu Ende gegessen zu haben?« Und freut sich über den katholischen Neutestamentler Gerhard Lohfink, der angesichts eines Milliarden Lichtjahre entfernten Himmels in seinem Buch »Die Himmelfahrt Jesu – Erfindung oder Erfahrung« 1972 ein Kapitel scherzhaft mit der Überschrift versah: »Er fliegt immer noch«. URH: »Heute schaut am Himmelfahrtstag niemand mehr hoch zum Himmel, sondern allenfalls zu tief ins Glas.« Dann zitiert sie Lohfink, wonach es in der Antike viele Himmelfahrten gegeben habe, Romulus in Rom, Herakles, Empedokles, Alexander d. Gr. oder Apollonius von Tyana.

Die Apostelgeschichte und das vom selben Autor stammende Lukasevangelium sowie das Markusevangelium, in denen sich Berichte über eine Himmelfahrt des auferstandenen Jesus finden, sind nach Ansicht von URH als Quellen unbrauchbar. Der Himmelfahrtsbericht im Lukasevangelium sei wahrscheinlich unecht, denn der Satz von der Aufnahme Jesu in den Himmel fehle in den wesentlichen alten Handschriften. Im Markusevangelium sei dieser Abschnitt dem unechten Schluss später angefügt worden. Bester Zeuge gegen eine Himmelfahrt sei Jesus selber, denn er habe seinem Nachbarn am Kreuz versprochen: »Noch heute wirst du mit mir im Paradiese sein.« Heute – und nicht etwa 40 Tage später.

Christi Himmelfahrt ist für URH ein anschauliches Beispiel dafür, dass die Kirche aus Ignoranz oder Angst keine Anstalten mache, sich um ein tieferes Verständnis des Glaubens zu bemühen. Religionslehrer, die eine derart platte und naive Darstellung ablehnten, müssten sich den Vorwurf mangelnder Gläubigkeit gefallen lassen, zitiert sie den katholischen Theologen Franz Josef Schierse. Dem halte die amtliche Kirche entgegen: Alles ist historisch so, wie die Bibel es schildert, auch wirklich passiert.

Das Kapitel »Pfingsten« beginnt mit einem Loblied auf den Verfasser der Apostelgeschichte, von dem man weiß, dass er identisch ist mit dem Verfasser des Lukasevangeliums. »Er ist der fantasiereichste neutestamentliche Märchen- und Legendenerzähler ... So verdanken wir ihm so schöne Märchen wie das mit dem Kind in der Krippe, vom zwölfjährigen Jesus im Tempel ... bis zur Himmelfahrt nach 40 Tagen. Und nun bringt er kurz vor dem Jahr 100 das Pfingstwunder, wovon weder Paulus noch die anderen Evangelisten etwas berichten.«

Als Kämpferin für die Gleichberechtigung der Frauen merkt URH natürlich sofort, dass bei diesem Pfingstwunder der heilige Geist in Form von Zungen nur auf Männer herabkommt – »ein reines Männer- und Verbrüderungsfest«. Dieser Tag wird heute als Gründungstag der Kirche gefeiert, denn der heilige Geist sei vom ersten Tag an dabei gewesen und habe seitdem die Kirche vor jedem Irrtum bewahrt. Davon leitet der Papst seine Unfehlbarkeit ab. URH schildert dazu ein eindrucksvolles eigenes Erlebnis während eines theologischen Symposions kurz nach dem II. Vatikanischen Konzil 1965 in Essen: »Zuerst sprach der Jesuit Karl Rahner und anschließend der Essener Bischof und spätere Kardinal Franz Hengsbach. Bischof Hengsbach sagte in Hinsicht auf das II. Vaticanum: ›Da werden die Theologen (und er blickte dabei zu Karl Rahner hin) noch viel Arbeit haben, um das aufzuarbeiten, was der Heilige Geist uns Bischöfen auf dem Konzil eingegeben hat.‹ ... Da saß nun Karl Rahner, ein wirklicher und großer Theologe, still und bescheiden und in den Augen des Bischofs dem Bischof geistlich unterlegen, weil ihm der Heilige Geist nichts eingegeben hatte, und da stand Franz Hengsbach, im Vergleich zu Karl Rahner ein theologisches Kleinlebewesen, und posaunte von seinem Geistbesitz.«

Das Wort vom »theologischen Kleinlebewesen« machte unmittelbar nach dem Erscheinen von »Nein und Amen« die Runde im Ruhrbistum und weit darüber hinaus. Der Bischof erfuhr seine Schmähung von Journalisten, die ihn scheinheilig fragten, ob er gegen diese Titulierung juristisch vorzugehen gedenke. Später verriet er einmal in fröhlicher Runde, es gebe zwei Menschen, über die er sich in seinem Leben am meisten geärgert habe: über Uta Ranke-Heinemann und über seinen Nachbarn, einen zu den Altkatholiken übergetretenen Pfarrer. Den habe er selber zum Priester geweiht, und nun laufe er nach seiner Heirat mit Frau und großer Kinderschar immer in der Fronleichnamsprozession der Domgemeinde mit.

Die Ausgießung des heiligen Geistes in der Apostelgeschichte hat nach Ansicht von URH einen starken antijüdischen Akzent. Von diesem Zeitpunkt an hätten die »Christen«, angeführt von Paulus, damit begonnen, den Juden gewissermaßen das Alte Testament zu entwenden, um sich selber als das neue wahre Israel zu präsentieren. Sie hätten das Alte Testament in den Dienst der christlichen Kirche übergeführt und ihr Beutegut zum unantastbaren Erbgut ihrer Kirche gemacht. In Wirklichkeit aber sei damals auf gar keinen Fall irgendein Heiliger Geist herabgekommen, denn laut Überlieferung hätten – wie bereits erwähnt – nur Männer das »Pfingstwunder« erlebt. Einen Heiligen Geist exklusiv nur für Männer gebe es aber nicht.

Nichts als Legenden

Der bereits groß gewordene Abstand zu ihrem ursprünglichen katholischen Glauben vergrößert sich mit jeder Seite, die URH in ihren Computer tippt. Immer häufiger werden ihre Zweifel zum Wissen und damit zum Unglauben. Und immer deutlicher zeichnet sich ab, dass von allem, was Katholiken glauben müssen, für den kritischen Gläubigen am Ende nur ein winziger Rest übrig bleiben wird: die Botschaft Jesu, die Feinde zu lieben und Frieden zu wahren.

Für die vielen Interviews und Talkshows hat sich URH einige Sätze eingeprägt, die ihr jedes Mal Beifall und Lacherfolg sichern. Sie zitiert das Apostolische Glaubensbekenntnis: »Geboren von der Jungfrau Maria, gelitten unter Pontius Pilatus, gekreuzigt, gestorben und begraben. Kein Wort von seiner Botschaft! Offenbar hat Jesus zwischen seiner Geburt und seinem Tod den ganzen Tag bei Maria in der Stube gesessen und Kreuzworträtsel gelöst.« Immer wieder verwendet sie auch ihren Lieblingssatz, dass die Menschen nur von der Verletzung der religiösen Gefühle sprechen, nicht aber von der permanenten Verletzung des religiösen Verstandes.

So räumt sie radikal mit den Legenden um die Bekehrung des Paulus auf, wobei sie die tatsächliche Bekehrung nicht anzweifelt, während sie die Umstände dieses Sinneswandels als Fantasieprodukte entlarvt. Dies fängt schon mit dem bereits sprichwörtlichen »vom Saulus zum Paulus werden« an. »Paulus hat nie seinen Namen geändert. Vielmehr hatte er von Geburt an einen jüdischen Synagogennamen, nämlich Saul, … sowie einen römischen Namen, nämlich Paulus, da er von Geburt an römischer Bürger war.« Satz für Satz vergleicht sie die drei »Legendenversionen der Apostelgeschichte« mit Brieftexten von Paulus. »Diese Sprache hebt sich ab von den Erscheinungs-Fantastereien über eine so genannte Bekehrungsstunde«. Alles andere sei Theaterdonner, Spektakel, eine »Damaskus-Show«.

Die Bekehrungsgeschichten des Paulus stuft URH noch als »harmlos« ein. Richtig wütend wird sie über das »Märchen von Ananias und Saphira«. Beide haben laut Apostelgeschichte ein Grundstück verkauft. Ananias behält einen Teil des Erlöses für sich und gibt den Restbetrag den Aposteln. Petrus befragt ihn und später auch seine Frau: »Ananias, warum hat der Satan dein Herz erfüllt, dass du den Heiligen Geist belogst und etwas unterschlugest vom Verkauf des Grundstücks?« Ananias und Saphira wurden dafür von Gott mit dem sofortigen Tod bestraft. URH: »Nun hatte Ananias gar nicht den Heiligen Geist belogen, denn er hatte überhaupt kein Wort zum Heiligen Geist gesagt, und unterschlagen hatte er auch nichts, da sein Geld sein Geld war und er eben einen Teil davon behalten wollte ... Wir mögen uns heute damit trösten, dass dies ein Märchen ist. Aber das Erschrecken über die Methode, den Glauben der Menschen mit solchen Horrorgeschichten zu fördern, ihnen mit der Schilderung solcher Wunder Geld abzupressen und sie auszubeuten, bleibt bestehen.«

In diesem Kapitel hat URH zweifellos auch eigene Erfahrungen mit dem Thema »Immobilienbesitz und Kirche« verarbeitet. In den 70er Jahren hatte sie sich um eine alte Dame in der Nachbarschaft gekümmert, die ihr zum Dank dafür in ihrem Testament ihr Haus vermachte. URH, damals noch sehr fromm, hatte sie oft mit biblischen Geschichten unterhalten und ihr Trost zugesprochen. Bei der Testamentseröffnung ergab sich jedoch, dass die Frau ihren Besitz der Kirche vererbt hatte. URH strengte einen Prozess an, allerdings ohne Erfolg, denn der Pastor und der Notar bestätigten, die Frau habe ihr Testament auf dem Sterbebett geändert. URH: »Sie konnte überhaupt nicht mehr sprechen und ihren Willen klar ausdrücken, aber die beiden haben übereinstimmend ausgesagt, sie habe jedes Mal genickt.«

Zurück zur Apostelgeschichte. Sie verfolgt nicht nur den Zweck, die Gläubigen zu erbauen, sondern sie soll auch die theologischen Spannungen in der Urkirche überdecken. Dazu muss die Anfangszeit des Christentums idealisiert werden, schreibt URH. »In Wirklichkeit waren die Anfänge voller schwerer Kämpfe ... und gekennzeichnet durch erbitterte Zerwürfnisse zwischen Petrus, dem Ur-Apostel und Augenzeugen, und Paulus, dem Spät-Apostel, der Jesus nicht gekannt hatte.« Überdies soll sie die Bosheit der Juden und den Gerechtigkeitssinn der Römer darstellen. »Die Apostelgeschichte ist neben dem Johannesevangelium das antijudaistischste Werk des Neuen Testaments.«

Umfangreiche Quellen bemüht URH für die Richtigstellung der Behauptung, Petrus sei in Rom gewesen und als Märtyrer gestorben. »Es gibt nirgendwo einen frühen Anhaltspunkt dafür, dass Petrus jemals in Rom gewesen ist.« Erst in späteren Quellen sei ihm dies angedichtet worden. Aber auch sein Märtyrertod werde nicht glaubhaft belegt. Wieder einmal kommt ihr zugute, dass sie ein Sprachgenie ist.

Als Zeuge für den Märtyrertod des Petrus wird ein Brief angeführt, den der Bischof von Rom, Klemens, etwa im Jahr 96 an die Kirche in Korinth geschrieben hat. Das darin vorkommende griechische Wort »martyrein« bedeute nur »Zeuge sein oder Zeugnis ablegen«. Die Bedeutung »den Märtyrertod erleiden« habe es frühestens Mitte des 2. Jahrhunderts bekommen. Sofort fällt ihr die Steinigung des Stephanus ein, der als erster christlicher Märtyrer gilt. Doch nicht Stephanus wird in der Apostelgeschichte Märtyrer genannt, sondern die Männer, die ihn als »Zeugen der Urteilsvollstreckung« steinigen durften. Unter Berücksichtigung aller Schriften kommt URH zu dem Ergebnis, dass schon in den Anfängen der Christenheit der Wunsch bestand, Petrus zum Gründer der Kirche in Rom und zum Märtyrer zu machen. Dieser Wunsch sei seit dem Jahr 170 immer stärker geworden und um die Legende erweitert worden, die Römer hätten Petrus auf eigenen Wunsch mit dem Kopf nach unten gekreuzigt. Inzwischen stehe für Johannes Paul II. ohne jeden Zweifel fest: »Petrus ist in Rom gewesen, hat die römische Gemeinde gegründet, war der erste Bischof von Rom und hat in Rom das Martyrium erlitten. Und Johannes Paul II. ist als Bischof von Rom sein Nachfolger. Eine Legende ist damit zu ihrem logischen Abschluss gelangt.« Die Anwesenheit von Petrus in Rom und sein dortiger Tod hätten jedoch in allen Dokumenten immer in Verbindung gestanden mit dem Machtanspruch Roms und der römischen Papstnachfolge.

Folgt man ihren weiteren Darlegungen, dann war Petrus der erste Bischof von Antiochien. Es gebe keinerlei Hinweise, dass er diesen Sitz aufgegeben habe.

Die Variante, dass Petrus seinen Sitz in Antiochien gehabt habe, verdiene deshalb ein mindestens gleiches Gewicht an Glaubwürdigkeit. Laut Eusebius und anderen altkirchlichen Schriftstellern sei Linus der erste Bischof von Rom gewesen, allerdings sei diese Auffassung im Laufe der Jahrhunderte immer mehr zugunsten der römischen Petrus-Tradition zurückgedrängt worden. Von archäologischen Bemühungen, das Petrus-Grab in Rom zu lokalisieren, hält URH gar nichts. Erstens seien um das Jahr 200 bereits zwei Petrus-Gräber in Rom bekannt gewesen, und zweitens habe es zu jener Zeit an verschiedenen Orten im Römischen Reich Streit um den Besitz von Apostelgräbern gegeben, mit denen man die Bedeutung der eigenen Gemeinde unterstreichen wollte.

Auch wenn genaue Angaben über den Tod von Petrus fehlen, so mangelt es doch nicht an zahlreichen Reliquien. Sein Kopf ruht angeblich neben dem Paulus-Kopf im Papstaltar der Laterankirche. Zahlreiche kleine Knochen sind über ganz Italien verteilt, dazu Ketten und sogar ein Tisch, an dem Petrus eine Messe gelesen haben soll, und ein Stab. Was URH von diesen Reliquien hält, kann man den Worten »sie sind fabelhafterweise noch erhalten« entnehmen.

An einem weiteren Kopf, nämlich dem der heiligen Thekla in Mailand, zeigt URH auf, wie fantasievoll in den ersten Jahrhunderten Taten von Jesus und seiner Jünger dargestellt wurden. Heute werden 27 Bücher als Neues Testament anerkannt. Daneben aber existieren seit den Zeiten der Urkirche zahlreiche »apokryphe«, d.h. »unechte«, nicht anerkannte Schriften mit zum Teil geradezu absurden Darstellungen des Lebens und Wirkens Jesu. Mit der ihr eigenen Genauigkeit erbringt URH den Nachweis, dass die Kirchenväter immer gern auch auf diese »falschen« Schriften zurückgegriffen haben, nämlich immer dann, wenn ihnen das zur Stützung ihrer Glaubenspositionen sinnvoll und nützlich erschien.

Teile aus diesen Schriften wurden von Mohammed in den Koran aufgenommen, so beispielsweise die Jungfrauengeburt und die Erzählung, dass Jesus bereits in der Wiege sprechen konnte, wobei seine Ansprache mit den Worten beginnt: »Siehe, ich bin Allahs Diener.« Aus solchen dunklen Quellen stammt auch die Geschichte von Jesus, der dem Pilatus seine Todesart, die Kreuzigung, vorschlägt, damit sich die Prophezeiungen erfüllen. Ebenso haben die Erzählungen über Maria Magdalena und die Brüder und Schwestern Jesu hier ihre Wurzeln und auch die »Taten des Paulus und der Thekla«.

Thekla ist nach URH eine Märchenfigur, die weltweite Bedeutung erlangt hat, sind doch ihre Reliquien in zahlreichen Kirchen Mittelpunkt inniger Verehrung. Thekla wird nach diesen Dokumenten von Paulus bekehrt. Ihr früherer Bräutigam lässt sie zum Tod verurteilen, doch wird sie aus dem Feuer durch wundersamen Regen und Hagel gerettet. Danach soll sie im Kampf mit Tieren sterben. Eine Löwin rettet sie und küsst ihr die Füße. Sie fällt in ein Wasser, aber alle Tiere, die sie fressen könnten, sind plötzlich tot. Andere Tiere, die auf sie gehetzt werden, schlafen ein. Dann legt man sie gefesselt zwischen wilde Stiere, denen man heiße Eisen an die Geschlechtsteile hält, um sie noch wilder zu machen – vergebens. Thekla, das Superweib, übersteht alle Gefahren, trifft wieder den Paulus, verkündet das Wort Gottes und stirbt friedlich mit 90 Jahren. Das alles im ersten Jahrhundert – Pornografie vom Feinsten, denn bei allen Aktionen war Thekla nackt. »Man sieht, die fromme Fantasie war nicht gerade jugendfrei«, kommentiert URH die Thekla-Legende.

Nicht alle apokryphen Schriften entsprangen sexuellen Fantasien. Als »Gipfel der frommen Fantasie« sieht URH einen Original-Jesus-Brief aus dem 3. Jahrhundert an. Jesus antwortet darin auf die Bitte eines kranken Königs aus Mesopotamien, ihn zu heilen, er habe im Augenblick keine Zeit, weil er erst sterben und in den Himmel auffahren müsse. Dann aber werde er ihm von dort einen heilkundigen Jünger schicken. So und nicht anders geschah es dann wohl auch.

Macht durch Fälschung

Wenn Priester um Geld bitten, bekommen sie oft zu hören, der Papst möge doch erst sein Gold verkaufen. In der Tat erwecken Größe und Prunk des Vatikans den Eindruck, dass die katholische Kirche reich ist. Diesen Reichtum unter den Armen der ganzen Welt zu verteilen sei aber nur wie der Tropfen auf dem heißen Stein, antworten darauf meist die Bettel-Priester, und der kritische Gläubige sieht dies dann auch sofort ein.

Dabei ist die Kirche um ein Vielfaches reicher, als ihr sichtbarer Besitz in Rom auch nur anzudeuten vermag. Über anderthalb Jahrtausende hat sie das Vermögen der von ihr umgebrachten »Ketzer« konfisziert, hat sie eingeschüchterte Sterbende veranlasst, sie zur Erbin einzusetzen, und hat sie wahre Vermögen auch rechtmäßig geerbt, oft freilich nach lebenslanger »Seelenmassage« bei den Erblassern. Wer Grundbücher lesen kann, stellt in vielen Städten fest, dass die Kirche einschließlich ihrer Organisationen und Einrichtungen unter den Großgrundbesitzern am Ort der größte ist. Auch der Zölibat dient nicht zuletzt dem Zweck, das im Laufe eines Lebens angesammelte bescheidene Vermögen der Priester nicht irgendwelchen nahen Angehörigen zu überlassen, sondern im Besitz der Kirche zu halten. Und da ist dann noch in einigen Ländern die Kirchensteuer, deren Aufkommen zwar zum größten Teil an katholische Einrichtungen geht, aber damit ja keineswegs dem Einflussbereich der Kirche entzogen ist. Ob Kindergärtnerin, Krankenschwester oder Lehrer an einer katholischen Schule – wer z. B. gegen die kirchlichen Ehegebote verstößt, findet sich schnell auf dem Arbeitsamt wieder.

Diese Geschäftstüchtigkeit der Kirche zur Sicherung ihrer Machtposition reicht in die Zeiten der Frühkirche zurück. Kaiser Konstantin (†337), so schreibt URH, vermachte dem Papst mit Brief und Siegel nicht nur Rom und Italien, sondern das ganze Abendland. Bis zur Reformation »zog die Kirche daraus Jahrhunderte lang unermessliche Vorteile an Macht und Besitz, obwohl die ›Konstantinische Schenkung‹ ein Schwindel, eine kircheneigene Fälschung der päpstlichen Kanzlei Mitte des 8. Jahrhunderts war«. Ulrich von Hutten machte die Fälschung 1517 publik, erst Mitte des 19. Jahrhunderts gab auch die katholische Kirche den Betrug zu.

Die erfolgreichste Fälschung sieht URH in der Umwandlung von

Jesus, der nur ein jüdischer Prediger und Prophet sein wollte, zu einem römisch-katholischen Weltherrscher und Retter der Heiden in aller Welt. Nach allen Dokumenten habe Jesus mit Kirche und erst recht mit einer Weltkirche nichts im Sinn gehabt. Dazu zitiert sie ihren Kollegen Hans Küng: »Jesus hat zu seinen Lebzeiten keine Kirche gegründet ... Er dachte nicht an die Gründung eines religiösen Großgebildes und weder für sich noch für die Jünger an eine Mission unter den Heidenvölkern.«

An zahlreichen Stellen weist URH nach, dass Jesus immer wieder Worte in den Mund gelegt werden, die er nie gesagt hat, beispielsweise den berühmten Satz: »Du bist Petrus, der Fels, und auf diesen Felsen will ich meine Kirche bauen«. Aus diesem Satz leiten die Päpste ihren Anspruch als Nachfolger von Petrus und damit als Stellvertreter Christi ab. URH: »Es ist nicht Jesus, der hier spricht, es ist die frühe Kirche, die ihrer wachsenden hierarchischen Struktur wegen an einer solchen Führungsfigur und – position interessiert war.«

Was mit Jesus geschah, dass man ihm also Dinge andichtete, geschah auch mit den Aposteln: »Sie sind auch selbst nicht die, als die sie von der Kirche uns präsentiert werden.« Das Matthäusevangelium stammt nicht von dem Apostel Matthäus, der sprach nämlich kein Griechisch, in dem es geschrieben ist. Der wirkliche Verfasser ist unbekannt. In der unter den Gelehrten strittigen Frage, ob er wohl ein Judenchrist oder ein Heidenchrist war, entscheidet sich URH für den Heiden. Ein Jude hätte wohl kaum die Legende von der Jungfrauengeburt übernommen, meint sie, wohl aber ein Grieche, dem Gottes-Sohn-Zeugungen nicht fremd gewesen seien. Unbekannt ist auch der Autor des Markusevangeliums, auf keinen Fall handelt es sich um einen Apostel. Ebenso unklar ist die Herkunft des Lukasevangeliums, das in den Jahren 80 bis 90 entstanden sein muss. Der Schreiber war ein Heidenchrist, vermutlich ein kultivierter Grieche.

Der geplagte Christ fragt sich natürlich, ob wenigstens das Johannesevangelium von dem Jünger Johannes stammt. URH verweist auf Quellen, denen zufolge er es im hohen Alter von 90 oder gar 100 Jahren aufgeschrieben haben soll. Seine Anhänger hätten die Notizen überarbeitet und später veröffentlicht. Nach anderen Quellen war Johannes zu dieser Zeit jedoch längst tot. Johannes ist auch nicht identisch mit dem »Lieblingsjünger« Johannes und auch nicht mit dem Autor der »Geheimen Offenbarung des heiligen Johannes«. Im

Dschungel der Legendenbildungen verliert man jegliche Orientierung. Und dass der erste Petrusbrief genauso gefälscht ist wie der zweite und mehrere Paulusbriefe ebenfalls unecht sind – Schwamm drüber.

Ob echt oder falsch, URH kommt bei der Beurteilung der Texte und einem Vergleich mit gefälschten Banknoten noch zu einem ganz anderen, und zwar bedeutungsvollen Schluss: Gotteswort-Blüten sind sie allemal, »weil sie allesamt niemals mehr sind als Menschenwort«. Die Kirche, so empfiehlt sie, sollte künftig mit dem Gebrauch des Ausdrucks »Wort Gottes« vorsichtiger und sparsamer sein.

Zur Hölle mit der Hölle

Kurz vor Weihnachten 2002 starb im ostwestfälischen Steinheim Anna Alberts geb. Weberbartold, eine fromme Frau, die mein Vater nach dem Tod meiner Mutter geheiratet hatte. Sie wurde 86 Jahre alt. Kurz vor ihrem Tod sagte sie mir, seit sie das Kapitel über die Hölle in »Nein und Amen« gelesen habe, falle ihr der Abschied von dieser Welt leicht. Alle Ängste seien von ihr gewichen, weil sie nun die Gewissheit habe, dass Gott am Anfang nur Himmel und Erde, aber keine Hölle erschaffen habe. Ehrlich und aufrichtig, wie sie ihr Leben lang war, fügte sie hinzu, sie habe auch vorher nicht daran geglaubt, dass sie dereinst in der Hölle landen könnte, denn seit mindestens drei Jahrzehnten sei sie sich keiner Sünde bewusst. Als ich dies URH erzähle, freut sie sich sehr: »Das ist für mich eine Genugtuung, wenn ich sehe, dass meine Arbeit Leuten hilft und sie darin bestärkt, nicht alles zu glauben, sondern ihren Verstand zu gebrauchen.«

Wenn sie von diesem Kapitel spricht, erinnert sich URH gern an jenen spanischen Ordensoberen, den sie so vergeistigt und männlich-elegant fand. Er hatte die Theologin mit höchstem Lob überschüttet und gesagt, ihre Abhandlung sei das Beste, was er bisher über die Hölle gelesen habe.

Höllenfantasien können quälend sein. Vor allem Kinder ängstigen sich sehr, wenn sie ein Verbot übertreten haben und ihnen Strafe im Jenseits angedroht ist. URH wurde in den letzten Jahrzehnten oft genug von Briefeschreibern zur Hölle gewünscht, alternativ in die nächste Müllverbrennungsanlage. Als sie sich mit ihrer Forschungsarbeit auf den Weg in Richtung Hölle begibt, fällt ihr gleich ein fundamentaler Widerspruch auf. Gott straft angeblich mit Höllenqualen, mit der ewigen Verdammnis. Diesen Gott aber soll der Mensch lieben? URH: »Ich weiß, dass es Gott gibt, und wenn ich ihn kennen würde, könnte ich ihn vielleicht auch lieben. Aber ich kenne ihn nicht, und so liebe ich nur Edmund. Mit der Hölle musste doch etwas faul sein, dachte ich mir.«

Und so fängt sie wieder an, in alten Schriften und Lexika nach den ersten Darstellungen der Hölle zu suchen. Bei den alten Germanen wird sie fündig. Die Hölle ist dort das Reich der Totengöttin Hel, allerdings keineswegs »ein schlimmer Ort voller sinnloser Leiden«, sondern »die Höhle, die Halle, das Haus, in dem die Toten wie in einem göttlichen Mutterschoß wohnen«. Auch bei den Juden und Griechen ist »die ›Unterwelt‹ ein Ort der Ruhe und Stille«. In der persischen Religion, die auf Zarathustra (7. Jahrhundert v. Chr.) zurückgeht, werden die Menschen nach dem Tod aber bereits in gute und böse getrennt, wobei die Bösen in die Hölle stürzen und dort bis zur Auferstehung gepeinigt werden. Auf ihrer spannenden Zeitreise durch die Jahrhunderte mit unterschiedlichen Vorstellungen von Orten und Strafen im Jenseits hält URH am Ende des ersten nachchristlichen Jahrhunderts an. Dort hat die Totenwelt, die Scheol der Juden und der Hades der Griechen, ihre Bedeutung verloren. Sie wird abgelöst durch den Gehinnom (griechisch: Gehenna), das »Feuertal«, so genannt nach einer Örtlichkeit bei Jerusalem, wo kanaanäischen Gottheiten Kinderopfer dargebracht worden sein sollen.

Diese Hölle ist eine Kombination aus dem Feuer der früheren persischen Strafvorstellungen und aus der Finsternis des griechischen Hades, eine Hölle also mit schwarzem Feuer, mit dunklen Flammen und mit dem Heulen der Insassen wegen des Feuers und ihrem Zähneklappern wegen der Kälte der Finsternis. Zeitweilig war diese Hölle gleichzeitig das Fegefeuer mit reinigender Wirkung wie schon bei den Persern, bei denen die Menschen am Ende doch ins Paradies gelangen. Etwa um 300 n. Chr. setzt sich die Auffassung durch, dass nach der Höllenzeit am Ende nur die Gerechten zu Gott gelangen werden.

Die Christen haben schließlich Jesus zum »Höllenprediger« gemacht. Aber alles, was Jesus gesagt haben soll, ist ihm nachträglich in den Mund gelegt worden, schreibt URH. Sie kann sich dabei auf ihren väterlichen Freund Bultmann berufen, der die Evangelien auf derartige Ergänzungen untersucht hat und für diese Fälschungen in erster Linie Matthäus und seine Anhänger verantwortlich macht. Jesus habe vielmehr in allen seinen Reden biblische Droh- und Strafworte der Propheten ausdrücklich unerwähnt gelassen.

Dafür, dass Jesus kein »Höllenprediger« war, gibt es laut URH mehrere Überlieferungen. So berichtet Lukas von einer Lesung Jesu in der Synagoge von Nazareth aus dem Buch des Propheten Jesaja. Er habe diese Lesung mit ihrer Ankündigung eines Gnadenjahres beendet und auf die unmittelbar folgende Textstelle mit der Androhung eines Tages der Rache verzichtet. Auch in seiner Antwort an Johannes den Täufer verzichtet Jesus auf die Rache- und Vergeltungsworte des Alten Testaments, und zwar gleich an drei Stellen. Trotzdem kam im Christentum die Hölle erst zu ihrer vollen Blüte, schreibt URH. »Der Christ fürchtet sich darum mehr vor der Hölle, als er sich auf den Himmel freut.«

Warum aber lehrt die Kirche diese Furcht vor Höllenqualen? »Weil solche göttliche Höllendrohung für sie das bequemste Mittel ist, Glaubensgehorsam von den erschreckten Gemütern der Gläubigen zu erzwingen«, antwortet URH. »Die kirchlichen Hirten haben den kirchlichen Schafen den Horror vor Gott angezüchtet und Gott zu einer Art Wach- und Höllenhund über ihre Herde umfunktioniert. Sie haben, um eine willige Herde führen zu können, behauptet, dass Gott bellt und beißt und brät. Sie haben damit in den Menschen im gleichen Maße die Liebe zu Gott verkümmern lassen.« URH ist damit zu ihrem Anfangsverdacht zurückgekehrt, dass es unlogisch sei, jemand zu lieben, der einem Höllenqualen androht. Der Kreis ist geschlossen.

Im Jahr 1442 verkündet das Konzil von Florenz, dass alle Menschen in die Hölle gelangen, die nicht vor ihrem Tod getauft wurden. URH: »Damit sind Millionen Menschen, die vor Jesus geboren wurden, der ewigen Verdammnis anheim gefallen – Unsinn also.« Erst das Zweite Vatikanische Konzil ändert diese Auffassung 1964, indem es auch solchen Menschen das ewige Heil zuerkennt, die ohne Schuld keine Ahnung von Christus und der Kirche haben. Daraufhin zweifeln viele Missionare an ihrem Missionsauftrag. Johannes Paul II. – »der mit dem eingebauten Rückwärtsgang« – nimmt deshalb die Konzilsaussage wieder zurück: »Die Kirche kennt kein anderes Mittel als die Taufe, um den Eintritt in die ewige Seligkeit sicherzustellen. Was die ohne Taufe verstorbenen Kinder betrifft, kann die Kirche sie nur der Barmherzigkeit Gottes anvertrauen.« »Ungeheuerlich«, findet URH, »als ob Gott erst eine Empfehlung der Kirche benötigt, um barmherzig zu sein.« »Der Totalitätsrausch der Päpste hat sich bei diesem Papst zu einem religiösen Delirium gesteigert, als er 1983 jene Menschen in die Hölle verwies, die wissen, dass es die katholische Kirche gibt, die aber ›nicht in sie eintreten oder nicht in ihr ausharren‹ wollen.«

»In der Botschaft von der Liebe Christi hat die Lehre von der Möglichkeit der Hölle keinen Sinn«, schreibt URH abschließend. Und da nirgendwo geschrieben steht, womit der Teufel seine Hölle heizt, mit Holz oder Kohle, Gas oder Öl oder gar mit Atomenergie, empfiehlt sie ihm dafür das Papier, das mit kirchenamtlichen und theologischen Höllenlehren vollgeschrieben worden sei. »Da hätte er auf ewig genug Brennmaterial.«

Nicht der Messias

Die intensive Beschäftigung mit den Religionen um die Zeitenwende liefert URH immer neue Erkenntnisse über Ergänzungen, Fälschungen und Fehlinterpretationen. Nur wer wie sie in der Lage ist, in mehreren Sprachen zu lesen, der findet z.B. auch diejenigen Bibelstellen, die im Laufe der Jahrhunderte Jesus angedichtet wurden. URH hat selbstverständlich auch die Werke anderer Theologen und Altertumsforscher studiert und kennt deshalb auch deren Interpretationen. Die verschiedenen Lexikon-Ausgaben – Encyclopaedia Britannica und Larousse – sind für sie eine wichtige Quelle für Aussagen über den jeweils aktuellen Stand der Forschung in den letzten Jahrhunderten. Durch Vergleiche der älteren mit jüngeren Ausgaben kann sie nachvollziehen, wann neue Erkenntnisse gewonnen wurden und die bisherigen über Bord geworfen werden mussten. Beim Einordnen hilft ihr das phänomenale, von Kindheit an trainierte Gedächtnis. Und: »Ich mache ja den ganzen Tag nichts anderes, ich habe nie gekocht oder gebügelt, nur zum Aldi gehe ich ab und zu gern, damit ich an die frische Luft komme und Menschen treffe. Ich bin ganz froh, dass die Filiale jetzt 400 Meter weiter neu gebaut wurde, so dass mein Spaziergang etwas länger dauert.«

Natürlich hat URH auch die geheimnisumwitterten so genannten Qumran-Schriftrollen studiert, die 1947 bis 1956 in Höhlen am Toten Meer gefunden wurden. Mitglieder einer jüdischen »Sekte«, meist Männer, aber auch einige Frauen, hatten sich Mitte des zweiten Jahrhunderts v.Chr. dort angesiedelt; im Jahr 68 n.Chr. wurde die Gemeinde von den Römern zerstört. Die Texte sind Abschriften aus dem Alten Testament oder Kommentare und Deutungen zu alten biblischen Büchern. Die Qumran-Leute hatten Priester und kannten ein heiliges gemeinsames Mahl, waren aber im Gegensatz zu den ersten Christen militant und extrem frauenfeindlich. Qumran ist daher für URH »die jüdische Vorstufe zum katholischen Zölibat«. Viele frauen- und familienfeindliche Sprüche dieser Sekte seien später Jesus in den Mund gelegt worden. Qumran war auch ein Zentrum des Widerstandes gegen die Römer und wartete auf den Messias, der das Volk von ihnen befreien sollte. Diese Messias-Idee wurde später auf Jesus übertragen. Wieder kann URH auf ihren väterlichen Freund, den evangelischen Theologen Rudolf Bultmann verweisen, der vehement bestritten hat, dass sich Jesus jemals selber für den Messias gehalten hat. URH: »Jesus wurde erst nachträglich in dieses Messias-Raster eingepasst, bzw. der Messiasbegriff wurde auf ihn zurechtgestutzt und damit völlig verzerrt.«

Schon bei Paulus wird Messias zu einem Eigennamen für Jesus, obwohl die Juden als ihren Messias einen militärisch-politischen Führer erwartet hätten und Jesus das Gegenteil davon gewesen sei. »Zu Jesus passt der Messiasbegriff nicht«, schreibt URH, »denn er rief nie zum Krieg und zum Hass auf, sondern zur Feindesliebe.« Zu Jesus passt aber auch nicht, dass er durch sein Blut die Menschheit erlöst haben soll. »Dies ist eine Henker-Theologie«, empört sich URH. »Erlösung durch Blut ist Unsinn, denn Gott ist kein Henker.« Die christlichen Feiertagsprediger und Sonntagsredner, die ständig das Wort »Kreuz« im Munde führten und von »Erlösung durch Blut« redeten, hätten damit jene Abstumpfung bewirkt, die viele Christen dazu bringt, zu Todesstrafe und Krieg zu schweigen. Und unter einem Kreuz komme auch niemals Freude auf, diese Vorstellung sei absurd.

Als abschreckendes Beispiel nennt URH den Kölner Kardinal Joachim Meisner, der das Wort »kreuzfidel« zu seinem Lebensmotto gewählt habe, ein Synonym für »lustig, gut gelaunt, vergnügt«. URH: »Man wundert sich, dass einem Kardinal, nachdem er das Wort Kreuz in den Mund genommen hat, nicht das Wort fidel im Hals stecken bleibt.« Es ist schon ein Kreuz mit dem Kreuz. Gott, der Henker? »Gott ist kein Gott des Tötens, sondern sanft und ein Gott des Lebens ... Zu leicht und zu selbstverständlich wollen Christen Jesus nach Gottes Willen hängen sehen, Christen, deren Sprache voller Blut ist, sie sind süchtig nach Blut ... – eine Dracula-Kirche.«

Wann nehmen Katholiken und Protestanten – »in Blutsbrüderschaft verbunden« – endlich wahr, dass Jesus nicht von seinem Vater, sondern von Menschen umgebracht wurde und dass er seinen Tod weder gewollt noch uns durch diesen Tod erlöst hat?, fragt URH. »Wenn Abraham heute lebte und die Absicht hätte, seinen Sohn Isaak auf Gottes Befehl hin auf dem Scheiterhaufen zu opfern, dann gehörte Abraham in eine geschlossene Anstalt.« Für URH ist das »Kreuzesopfer« nichts anderes als eine üble Entartung menschlicher Religiosität.

Denjenigen Christen, für die Erlösung ohne Blutopfer nicht denkbar ist, stellt URH die »Was wäre, wenn ...«-Frage. »Was wäre, wenn das Römische Reich … damals schon so human gewesen wäre wie die Bundesrepublik unter Kanzler Kohl oder Kanzler Schröder und Pontius Pilatus gar keine Todesstrafe verhängen durfte? Wäre Jesus dann vielleicht an Altersschwäche oder Fischvergiftung gestorben? Wäre die Erlösung der Menschheit dann an der Humanität der Menschen gescheitert? Oder wenn Jesu Tod durch Giftspritze wie in einigen amerikanischen Staaten erfolgt wäre, hätten wir dann die Erlösung durch Spritze, den goldenen Schuss für die Menschheit? Uns würde dann sozusagen die Hälfte des Abendmahls fehlen, nämlich der Wein alias Blut.«

Warum diese Scharfzüngigkeit, diese bissige, ironische Sprache? URH erlebt es immer wieder, dass ihr Zuhörer zwar in der Sache zustimmen, aber Anstoß an der Art und Weise nehmen, wie sie ihre Argumente vorträgt. Ihre Antwort: »Ich könnte jetzt leicht mit Luther sagen, ich kann nicht anders. Aber ich will auch nicht anders, denn ohne Provokation wird man nicht zur Kenntnis genommen, die Kirche schweigt alle Kritik tot, und in der Tat verläuft dann auch vieles im Sande. Was will ich denn? Ich zeige doch nur auf, wo im Laufe der Jahrhunderte Entwicklungen aus dem Ruder gelaufen sind. Vieles ist sogar aus der damaligen Zeit heraus verständlich, wenn zum Beispiel etwas hinzugedichtet wird, damit eine Sache glaubhafter erscheint, aber deshalb müssen wir doch heute nicht an Fälschungen und Fabeln glauben.«

Mit ihrer scharfen Kritik an der »heidnischen Blutrünstigkeit« der Kirchen steht URH nicht allein da. Auch ihr mit Predigtverbot belegter Kollege Eugen Drewermann in Paderborn spricht von einem Gottesbild, das eher dem »blutrünstig-segnenden Aztekengott Tonathiu entspricht als dem christlichen Gottvater«. URH kann auch Hans Küng zitieren, der ebenfalls seinen Lehrstuhl verlor: »Als ob Gott so grausam, ja sadistisch ist, dass sein Zorn nur durch das Blut seines Sohnes besänftigt werden kann.«

Die Horrorgeschichte vom Kreuzestod hat URH schon als Kind beschäftigt und geängstigt. »Nicht zuletzt war das ein Grund für meine spätere Abwendung vom gewohnten Christentum … Statt den Tod Jesu zu zelebrieren, wäre es besser, sein Leben zu befolgen … Und so bin ich fortgegangen, fort von Jungfraumutter und Henkervater … Ich wandte mich ab von den Theologen, und ihr Buch, die Bibel, war mir nicht mehr Gottes Wort.«

Diese Sätze stammen aus dem Nachtrag zur 22. Auflage von »Nein und Amen«, geschrieben nach dem 11. September 2001, als in New York die Twin Towers einstürzten und Edmund Ranke in Essen nach langer Krankheit starb. 1992, als »Nein und Amen« erstmals erschien, hatte URH noch nicht den entscheidenden Trennungsschnitt gewagt. Damals wollte sie mit ihrem neuen Buch schlimmstenfalls Glaubenszweifel wecken und den mit »Märchen und Legenden zugeschütteten Jesus« wieder in den Mittelpunkt des Glaubens rücken. In kurzer Zeit wurde auch »Nein und Amen« genau so wie die »Eunuchen« ein Bestseller, zuerst im deutschsprachigen Raum, dann in der ganzen Welt.

Doppelter Tod

»Manche sehen in Uta Ranke-Heinemann eine Gefahr. Aber in Wirklichkeit sollten wir ihr alle dankbar sein«, schreibt die Zeitschrift »Estudio Agustiniano« im spanischen Valladolid über »Nein und Amen«. Der niederländische »Limburger« kommentiert: »Uta Ranke-Heinemann ist großartig im Abreißen von altem Gemäuer. Es ist ein Genuss, ihrem Abbruchunternehmen zuzusehen, nicht, weil niederreißen so schön ist, sondern weil es neues Leben ermöglicht.« »Früher wäre diese Frau als Ketzerin verbrannt worden … eine brillante Autorin mit hohem Sinn für Ironie«, findet »La Sicilia«. Und der »Corriere della Sera« lobt: »Sie befreit das Jesuswort von dem Schleier der Legenden, den im Laufe der Zeit die Theologen immer mehr verdichtet haben.« Ganz aus dem Häuschen gerät das portugiesische »Jornal Fraternizar«: »Wir wollen dieses Buch auf unseren Nachttisch legen und darin lesen, bis wir es auswendig können.« Der kanadische »Toronto-Star« verspürt bei der Lektüre von »Nein und Amen« gar »Schockwellen durch die konventionelle Christenheit«, und der anglikanische Bischof von Newark, New Jersey (USA), John S. Spong, lobt: »Ich bin von diesem Buch begeistert.«

Die Penguin-Group, die »Eunuchs for the Kingdom auf Heaven« herausgebracht hatte, wagt sich an »Nein und Amen« nicht heran. URH vermutet, dass der Verlag in den Vereinigten Staaten von kirchlicher Seite unter massiven Druck gesetzt worden ist, denn die »Eunuchen« waren immerhin ein Kassenerfolg. Die Harper-Collins-Group bringt »Nein und Amen« 1994 unter dem Titel »Putting away childish things« (Weg mit den kindischen Dingen) heraus und landet, wie nicht anders zu erwarten, in den Bestsellerlisten ganz oben. Den Umschlag ziert ein Gemälde »Mariä Verkündigung«, das in allen amerikanischen Schulbibeln zu finden ist. Der Untertitel lautet »Wie die Mythen hinter der kirchlichen Lehre – die Gottheit Jesu, die Jungfrauengeburt, das leere Grab – die wahre Botschaft Jesu verfälschen.« Der Verkauf des Buches in den Vereinigten Staaten schnellt in die Höhe, als der New Yorker Kardinal O'Connor »Nein und Amen« in Bausch und Bogen verdammt, obwohl er zugibt, es nicht gelesen zu haben. Trotzdem fügt er hinzu, es sei für die Wände von »bathrooms« geschrieben.

»Bevor er eine Zusage für die Herausgabe von ›Nein und Amen‹

gab, hat Mr. Harper am Telefon getestet, wie gut ich Englisch spreche«, erzählt URH. »Er war offensichtlich zufrieden und lud mich zu einer Signier- und Vortragsreise in die Staaten ein. Ich wurde überall mit großer Freundlichkeit empfangen. Meine Gastgeber haben sich am meisten gewundert, mit wie wenig Gepäck ich angereist kam, mein grünes Universalkostüm hat sich wieder einmal bewährt. Und trotz meiner Abneigung gegen Fleischgerichte habe ich auf dieser Reise zum ersten Mal ein saftiges Steak gegessen.«

Auf Flughäfen, in U-Bahn-Stationen, in Hotels, Hallen und Hochschulen nutzt URH jede Gelegenheit, den Schildern »bathroom« zu folgen, um herauszufinden, was in solchen Räumen auf den Wänden stehen könnte, von denen Kardinal O'Connor gesprochen hatte. Bäder entdeckt sie auf ihren Forschungsgängen nicht, wohl aber ganz normale WCs. Einmal verirrt sie sich auf ein Herrenklo, und da sieht sie die Schmierereien, die der Kardinal gemeint haben muss. Von nun an erzählt sie auf ihrer Reise diese Geschichte in jedem Vortrag, nicht ohne die Frage zu stellen, woher denn wohl Kardinal O'Connor derart profunde Kenntnisse von den Wandschmierereien auf dunklen Herrenklos hat.

In Polen steht URH mit »Nein und Amen« nur kurze Zeit auf der Bestsellerliste, dann sinkt der Verkauf. Von Freunden erfährt sie, dass seit einiger Zeit katholische Priester die Buchhandlungen aufsuchen und das Personal auffordern, »Eunuchen« und »Nein und Amen« aus den Regalen zu entfernen, andernfalls werde die Kirche vom Besuch dieser Buchhandlungen abraten. »Es sieht wie eine gesteuerte Aktion aus, aber ob ›Cousin‹ Glemp dahinter steckt, weiß ich nicht.«

1992, als sich URH freuen kann, dass ihr zweiter Weltbestseller fertig geworden ist, wird sie tief in ihrem Herzen durch ein schreckliches Ereignis getroffen. Zwei Menschen, mit denen sie in den letzten Jahren auf Kundgebungen, Versammlungen und Demonstrationen oft zusammengewesen ist und mit denen sie eng befreundet war, werden in Bonn-Tannenbusch tot aufgefunden: Petra Kelly und Gert Bastian, das »Traumpaar« der deutschen Friedensbewegung.

Aus der Illustrierten »stern« hat Alice Schwarzer für ihr 1993 bei Kiepenheuer & Witsch erschienenes Buch »Eine tödliche Liebe« ein Foto von einer Friedensdemonstration 1982 in München ausgewählt. Es zeigt Arm in Arm Uta Ranke-Heinemann, Petra Kelly, Gert Bastian und Kunigunde Birle, Petras Oma, an der Spitze eines Protestmarsches gegen die Stationierung von Atomraketen in Deutschland. Alle drei Hauptfiguren genossen bundesweites und internationales Ansehen. URH, die erste Frau der Welt auf einem Lehrstuhl für katholische Theologie, hatte sich ja 1980 mit dem Papst und dessen hohen Reisekosten angelegt und 1981 in Moskau für eine umfassende Null-Lösung aller Atomwaffen demonstriert. Petra Kelly, 35 Jahre alt, war 1980 die herausragende Persönlichkeit bei der Gründung der Partei Die Grünen und eine von drei gleichberechtigten Bundesvorsitzenden. Wegen ihres Einsatzes für Gewaltfreiheit, soziale Gerechtigkeit, Umweltschutz und Abrüstung bekam sie 1982 den Alternativen Nobelpreis. Gert Bastian schließlich, 1923 in München geboren, begeisterter Hitlerjunge, mit 20 bereits Leutnant in Hitlers Armee, mit dem Eisernen Kreuz I. und II. Klasse dekoriert, beim Eintritt in die neue Bundeswehr gleich zum Oberstleutnant befördert, Generalmajor, Kommandeur der 12. Panzerdivision in Unterfranken, 1978 Kritiker der Nachrüstung, 1980 vorzeitige Entlassung des »Rebells in Generalsuniform«, 1980 Initiator des »Krefelder Appells« für Abrüstung und gegen Atomraketen – Gert Bastian ist die neue Gallionsfigur der deutschen Friedensbewegung.

Hand in Hand oder Seite an Seite sind die drei mehr als zehn Jahre lang einen gemeinsamen Weg gegangen, oft auch bei Regen oder klirrender Kälte gemeinsam marschiert für den Frieden in der Welt. Petra und Gert waren seit 1980 ein Paar. Der General war allerdings verheiratet und wollte auf keinen Fall seine Frau Lotte verlassen. Von Petra waren ihre frühere Beziehungen u.a. mit dem 40 Jahre älteren und verheirateten Chef der EG-Kommission in Brüssel, Sicco Mansholt, mit dem 20 Jahre älteren und ebenfalls verheirateten irischen Gewerkschaftsführer John Carroll und mit etwa gleichaltrigen Wortführern der »Grünen« kein Geheimnis. Sie der »Friedensengel«, er der »Friedensgeneral«, ein Paar, das im wahrsten Sinn des Wortes weniger auf Gedeih als auf Verderb miteinander verbunden ist. Politmagazine ebenso wie Frisör-Zeitschriften sind voll mit mehr oder minder pikanten Episoden über die beiden, denen 1983 der Einzug in den Bundestag gelingt. 1987 lädt Erich Honecker das Paar zur 750-Jahr-Feier nach Berlin ein. Im selben Jahr treffen sie in Bonn den Dalai Lama und engagieren sich fortan zusätzlich noch für ein freies Tibet.

Den Klatschreportern bleibt nicht verborgen, dass sich Petra Kelly 1989 bei einer Tibet-Anhörung in Bonn einen neuen Liebhaber geangelt hat, den tibetanischen Arzt Palden Tawo. Alice Schwarzer: »Unter den Augen von Gert Bastian und mit seiner Billigung beginnt Petra eine Liebesbeziehung mit dem Tibeter. Der ist verheiratet und hat drei Kinder … Und wenn er nicht (Anm.: nach Bonn) kommen kann, fährt Bastian seine Gefährtin zu dem Liebhaber ins Krankenhaus nach Lüdenscheid – und wartet draußen im Auto.«

URH – »ich bin doch so prüde und so extrem monogam!« – findet das Durcheinander der Beziehungen zwar »nicht gut«, lässt sich aber nichts anmerken und pflegt freundschaftliche Kontakte zu Petra, Gert und seiner Frau Lotte. Von dem Honorar der »Eunuchen« hat sie in Hattingen ein altes Bauernhaus gekauft auf einem Berg der Ruhrhöhen, einsam gelegen mitten in einem Wald. Rehe, aber auch Wildschweine wagen sich bis in den Vorgarten. Unter knorrigen uralten Obstbäumen zwei schattige Sitzplätze, leider auch zu viel Schatten über dem gesamten Haus, so dass sich an den Wänden Schimmel bilden kann. Uta und Edmund genießen die kühle Waldluft und die Stille. Ab und zu laden sie auch Freunde ein wie Alice Schwarzer, Petra Kelly sowie Gert und Lotte Bastian. Petra bleibt allerdings in Bonn.

»Wen liebst du eigentlich mehr, deine Frau oder Petra, habe ich Gert gefragt«, erzählt URH. »Er hat geantwortet, dass er beide gleich liebt, aber er hat mir schon damals gesagt, dass er zu Lotte zurückkehren will. Petra könne er aber auf keinen Fall allein lassen, denn dann werde sie sich umbringen.«

Edmund und Alice bereiteten in der Küche ein toskanisches Menü vor: Lammkeule mit feinem Gemüse. »Plötzlich fiel ihm auf, dass wir kein Olivenöl mehr hatten. Er war ganz unglücklich. Alice versprach ihm, eine Flasche Olivenöl herbeizuzaubern. Tatsächlich hatte sie kurz vorher Einkäufe erledigt und noch eine Flasche Öl im Kofferraum. Edmund hat sie seitdem noch mehr bewundert als vorher schon.«

19. Oktober 1992. »Ein prominentes Politikerpaar ist in Bonn-Tannenbusch tot aufgefunden worden. Nach Angaben der Polizei handelt es sich um Petra Kelly und Gert Bastian«, melden die Nachrichten. Uta und Edmund sind schockiert. Nähere Einzelheiten sind noch nicht bekannt, die Ermittlungen werden dadurch erschwert, dass die Leichen bereits in Verwesung übergegangen sind. Als Todestag wird schließlich anhand von Briefen der 1. Oktober ermittelt.

Die Spekulationen schießen ins Kraut: Waren es Neonazis, steckt die Atom-Mafia dahinter, hat die Stasi einen unbequemen IM ausgeschaltet? Dann nach zwei Tagen eine Pressemitteilung der Polizei: General a. D. Gert Bastian hat seine schlafende Geliebte erschossen und dann sich selbst. Fünf Monate nach der Tat spricht die Staatsanwaltschaft in ihrem Abschlussbericht von einem »Doppelsuizid«: »Auch das Fehlen eines Abschiedsbriefes gibt keinen Anlass, an dem Selbstmord der beiden ehemaligen Bundestagsabgeordneten zu zweifeln ... Wie mehrere Zeugen ... erklärt haben, sind sowohl von Gert Bastian als auch von Petra Kelly Suizidgedanken in der Vergangenheit geäußert worden.«

Alice Schwarzer ist empört. »Petra hatte noch tausend Pläne. Sie wollte auf keinen Fall sterben und ist auch nicht gefragt worden. Der ans Töten gewöhnte General hat sie ohne ihre Zustimmung heimtückisch im Schlaf umgebracht. Das ist Mord. Doppelselbstmord ist Unsinn.« In ihrem Buch »Eine tödliche Liebe« führt die EMMA-Chefin noch zahlreiche Einzelheiten als Beleg für ihre These an, dass wieder einmal ein Mann seine eigenen Probleme auf extrem männliche Art zu Lasten einer Frau gelöst hat.

Diese Interpretation des Tatgeschehens führt zu einem tiefen Zerwürfnis zwischen URH und Alice Schwarzer. »Wie konnte sie nur schreiben, Gert habe Petra nach Lüdenscheid gefahren und unten im Auto gewartet, während sie sich mit ihrem neuen tibetanischen Freund vergnügte! Niemals hätte er dies geduldet«, meint URH. Da kein Anlass besteht, an der Darstellung in »Eine tödliche Liebe« zu zweifeln, spricht alles eher dafür, dass auch URH zu den vielen Frauen gehört, die dem Charme des »Friedensgenerals« erlegen sind und sich einfach nicht vorstellen können oder wollen, dass er eine derartige Bluttat angerichtet hat. »Er hat doch das Töten gelernt und im Krieg oft genug ausgeübt« – Alice Schwarzer stößt mit diesem Argument auf taube Ohren.

Fakt ist jedenfalls: Gert Bastian hat Petra Kelly getötet. »Weil er mit seinen Problemen nicht mehr ins Reine kam und als Mann und Soldat dann nur diesen einen Ausweg gesehen hat«, folgert Schwarzer. Auch diesmal widerspricht URH: »Er hat sie aus Liebe getötet. Er wollte sich umbringen und wusste, dass Petra sich dann ebenfalls etwas antun würde. Er hat ihr diese Entscheidung abgenommen – aus Liebe zu Petra.«

Bis heute hat sich URH noch nicht wieder mit Alice Schwarzer versöhnt. »Eigentlich mag ich sie doch sehr, aber als ihre Sekretärin mich mit ihr verbinden wollte, habe ich nein gesagt und aufgelegt. Außerdem hat sie mir hoch und heilig versprochen, meine Manuskripte nicht zu ändern, und dann hat sie trotzdem immer noch was hineinredigiert«, ärgert sich URH. »Dass wir einen Dissens gehabt haben sollen, habe ich, ehrlich gesagt, völlig vergessen«, sagt dazu Alice Schwarzer.

Von Talk zu Talk

Nach dem Erscheinen der »Eunuchen« bekommt URH sehr bald den Stempel der Expertin für das Thema »Kirche und Sexualität« aufgedrückt. Als auch »Nein und Amen« zu einem Welterfolg wird, erwirbt sie zusätzlich hohes Ansehen für den weiten Bereich der »Fragen nach den letzten Dingen«: Glaube, Religion, Christentum, Islam, Krieg, Frieden, Leben, Tod, Leben nach dem Tod, Himmel, Hölle, Schuld, Gnade, Trauer und Trost. Dank ihres umfassenden Wissens, ihres phänomenalen Gedächtnisses und ihres Mutes, auch unangenehme Wahrheiten auszusprechen, gibt sie kompetent Antwort.

Die Redaktionen der Talkshows in den öffentlich-rechtlichen Anstalten, vor allem aber der kommerziellen Sender machen in den neunziger Jahren davon reichlich Gebrauch. URH avanciert zum beliebten Studiogast, das lindgrüne Lederkostüm bleibt ihr Markenzeichen, die schweren Saphirohrringe legt sie jedoch nur von Fall zu Fall und nach Lust und Laune an. Auch nach ihrer Emeritierung ändert sich nichts am öffentlichen Interesse an ihrer Person und ihren kritischen Aussagen. Sie bleibt für alle Zeiten »die erste katholische Theologieprofessorin der Welt, die 1987 ihren Lehrstuhl verlor, weil sie die Jungfrauengeburt Marias in Frage stellte« – so oder so ähnlich lautet fast immer die Ansage.

Viele Personen der Zeitgeschichte spalten das Publikum in begeisterte Zustimmung und krasse Ablehnung. Nicht anders ist es bei URH, auch sie polarisiert. Die einen bewundern ihren Mut und Scharfsinn und amüsieren sich köstlich über die Formulierungen und Pointen, die anderen können mit ihren Themen, ihrer Selbstinszenierung und ihrer Redeweise nicht viel anfangen. Während die Presse z. B. die »Eunuchen« als bestens gelungene allgemein verständliche Darstellung der kirchlichen Sexualethik aus zwei Jahrtausenden lobt, stellt Christina Rau, ihre Nichte, bei einer Familienfeier laut URH die Frage: »Tante Uta, Johannes lässt fragen, warum du überhaupt dieses Buch geschrieben hast.« URH: »Ich habe mich fast kaputt gelacht, er war entsetzt und hatte zu diesem Thema keinen Zugang.«

Jeder ihrer Auftritte ist eine Selbstinszenierung. Vieles, was nach Stegreif oder gar nach kleiner Panne aussieht, mancher Versprecher beispielsweise, ist geplant und geübt. Die Technik, mit einem absichtlichen Versprecher etwas Wahres, Bösartiges oder Witziges zu sagen, hat sie den Kabarettisten abgeguckt: »Der Vatikan als homo ... äh ... als ... ho ... äh ... als Hochburg der zölibatären Männer ...«. Oft freilich kommt das, was sie sagen will, nicht verständlich genug über. Sie verhaspelt sich, verliert den Faden und wirkt sprunghaft. Dies liegt dann meist daran, dass sie außerordentlich schnell denkt und gleichzeitig auch alle Nebenaspekte einer Sache sieht. Nur macht dann die Sprache dieses schnelle Denktempo nicht mit.

Dass URH nicht sonderlich sensibel für Gefühle anderer ist, trägt dazu bei, sie als stur und rechthaberisch erscheinen zu lassen. Auf dem Höhepunkt des Irak-Krieges bringt sie es z. B. fertig, sich in der Nachmittagssendung »Fliege« mit einer Irakerin anzulegen, die Verbrechen Saddam Husseins schildert. Doch URH hört nicht richtig zu, sondern möchte jetzt unbedingt eine eigene Erkenntnis anbringen: Beim Quellenstudium ist ihr aufgefallen, dass über Jahrtausende hinweg in vielen Kriegen der jeweilige Feind oft sogar mit den gleichen Worten beschuldigt wird, Frauen, Kinder und andere Wehrlose grausam umgebracht zu haben. »Es sind immer dieselben Vorwürfe, mit denen von den Siegern die Angst vor dem Feind geschürt wird, das war schon bei den Phöniziern so.« So richtig es auch sein mag, dass der Anlass vieler Kriege in derartigen Verleumdungen vermutet werden kann – mit den konkreten Anschuldigungen der Frau aus dem Irak haben die Aussagen von URH nichts zu tun. Auf diese Weise entsteht der Eindruck, URH wolle die Verbrechen Saddam Husseins verharmlosen, was mit Sicherheit nicht ihre Absicht war. Sie selbst war nach der Sendung äußerst unzufrieden: »Das war ja eine Aufzeichnung. Fliege hat meine Darlegungen zu stark gekürzt.«

Oft sind rein akustische Probleme die Ursache für ihr sonderbares Verhalten auf dem Podium, etwa wenn sie auf Fragen antwortet, die niemand gestellt hat. Dann hat URH etwas nicht richtig verstanden, weil sie seit Jahren schwerhörig ist und wieder einmal ihr Hörgerät nicht eingeschaltet hat. Oder weil der kleine Knopf im Ohr zu locker sitzt und deshalb pfeift, weil der Beifall des Publikums durch die Technik verstärkt wird und die Schmerzgrenze in ihrem Ohr überschreitet, weil der Moderator oder ein Gesprächspartner zu laut oder zu leise spricht oder, was nahezu unerträglich ist, der Tontechniker bei der Aufzeichnung einen Fehler macht. Dabei kann es vorkommen, dass er ihr die eigene Stimme mit einer winzigen Verzögerung auf den Ohrhörer zurückgibt, so dass sie gegen ihr Echo ansprechen muss. Und natürlich fummelt URH gern an den technischen Geräten herum, die jedem Teilnehmer an einer Talkrunde mitgegeben werden.

Lange Zeit bin ich der Ansicht gewesen, URH könne manchmal Wichtiges von Unwichtigem nicht unterscheiden, so dass sie sich in Nebensächlichkeiten verliert und Zuhören mühsam wird. In der Johannes B. Kerner-Show am 18. Januar 2003 erzählt sie eindrucksvoll, wie sie sich nach dem Tod ihres Mannes mit dem Thema »Leben nach dem Tod« beschäftigt. Wörtlich: »Wer mir da sehr geholfen hat, war Descartes, der Philosoph und Mathematiker, der einen Kondolenzbrief schreibt am 13. Oktober 1642 an Constantin Huygens, den Vater des berühmten Mathematikers Christian Huygens ...« Ich war der Ansicht, es hätte ausgereicht, wenn sie nur die Worte des französischen Philosophen Descartes und das Jahr, vielleicht sogar nur das Jahrhundert genannt hätte; das Datum des Briefes und der Adressat seien in dieser Sendung doch nicht so wichtig.

URH widerspricht. Sie hat die zusätzlichen Angaben mit voller Absicht gemacht. »Die Leute sollen merken, dass das nicht so dahingeredet ist, sondern dass ich eine wissenschaftlich genaue Aussage mache. Manches in der Theologie ist schwer zu verstehen, manches aus heutiger Sicht einfach nur Unsinn. Gerade als Frau hat man damit zu kämpfen, dass die Übermacht der Männer an den Hochschulen und erst recht in der Kirche allzu gern einer Frau die wissenschaftliche Qualifikation abspricht. Das äußert sich dann beispielsweise in so dummen Fragen wie: Haben Sie das auch gründlich gelesen? oder: Sind Sie sicher, dass Sie die richtige Quelle benutzt haben? Wenn ich etwas schreibe, dann habe ich es gründlich geprüft, kritische Stellen beispielsweise im Original und in mehreren Übersetzungen gelesen, ich vergleiche Lexikonangaben aus mehreren Jahrhunderten, registriere die Abweichungen. Ich lese Texte bis zum Ende, also nicht nur bis zu der Stelle, die ich gesucht habe. Manchmal sind ja wichtige Dinge hinzugefügt worden, und die muss man mit berücksichtigen.«

Als Beispiel ist ihr ein Disput mit dem damaligen Kölner Weihbischof Hubert Luthe in Erinnerung. Es ging um das Thema »Ehe ohne Trauschein«. »Luthe las mir eine Stelle aus dem Kirchenrecht vor als Beweis dafür, dass es keine gültige Eheschließung ohne die Schriftform gibt. Ich habe ihn daran erinnert, dass einige Zeilen weiter etwas über die Not-Trauung steht. Die kann, so ist es im Krieg geschehen, auch ohne Schein gültig sein. Folglich darf man den Trauschein doch nicht überbewerten.«

Das schrille Auftreten, die übersprudelnde Sprache, die übertriebene Genauigkeit, aber auch ihre mit Witz gepaarte Radikalität sind allesamt Reaktionen auf eine berufliche Umwelt, die im kirchlichen und wissenschaftlichen Bereich durch – zölibatäre – Männer geprägt ist, durch Männer überdies, die sich vom Heiligen Geist zu etwas Besonderem berufen fühlen. »Dann gibt es noch die ›invidia clericalis‹, den Neid der Kirchenmänner untereinander und erst recht gegenüber Frauen, die sich in diesem Kreis das Wort zu nehmen wagen.« Frau hat es eben nicht leicht.

Eine zusätzliche Front hat sich URH damit aufgebaut, dass sie zwar in schärfster Weise das kirchliche Frauenbild kritisiert, dabei aber keineswegs als Feministin angesehen werden möchte und sogar bestimmte feministische Positionen strikt ablehnt. Zwar tritt sie z.B. für gleiche Rechte der Frauen auf allen Gebieten ein, aber mit der Forderung nach einer psychologischen Befreiung von der weiblichen Fixierung auf den Mann oder gar nach Hinwendung zum eigenen Geschlecht hätte sie schon ihre Probleme. Auch Abtreibung und den Slogan »Mein Bauch gehört mir« lehnt sie entschieden ab. »Ich sehe die Welt nicht mit den Augen einer Feministin. Es gibt dumme Frauen und dumme Männer und vernünftige Frauen und vernünftige Männer.«

So sitzt URH also zeitlebens zwischen allen Stühlen. Hinzu kommt, dass sie eine Einzelkämpferin ist und von Teamwork nichts hält. Diese Einstellung lässt sie auch ihre Umgebung spüren, etwa wenn sie Hilfe zurückweist: »Frauen, die mir helfen wollen, sind mir ein Gräuel. Sie kosten mich nicht nur Zeit, sondern auch viel Energie. Allein bin ich viel schneller.« Eine solche Einstellung schafft nicht gerade Freunde. Und so muss sie in dieser ihr feindlich erscheinenden Umwelt schon früh lernen, sich zu behaupten und Schutzreflexe zu entwickeln, auch wenn sie eigentlich weitaus weniger streitbar und weitaus weniger unnachgiebig auftreten möchte. Bernd Kassner, Journalist bei der Westdeutschen Allgemeinen Zeitung in Essen, schrieb zu ihrem 75. Geburtstag einfühlsam, dass URH in Wirklichkeit ganz anders ist als die forsche und freche Ketzerin, als die sie vielen erscheint: »Es gibt eine Uta Ranke-Heinemann jenseits der Vorträge, der Talkshows, der Bücher, der starken Worte. Eine zarte, verletzliche und liebevolle Frau.«

Diese unterschiedlichen Seiten der URH werden zum Beispiel in der Talkshow mit Johannes B. Kerner deutlich sichtbar. Zu Beginn bleibt sie wie angewurzelt zwei Meter vor dem Moderator hilflos stehen. Die Zuschauer halten den Atem an, Johannes B. Kerner geht schließlich auf sie zu und führt sie zu ihrem Stuhl. Was ist geschehen? Wegen ihrer Schwerhörigkeit hatten die Tontechniker ihr Hörgerät durch einen besonderen Verstärker mit Ohrhörer ersetzt. Der Begrüßungsbeifall war jedoch so laut, dass ihr die Ohren weh taten und sie erst das Gerät leiser stellen musste. Im Sessel sitzend findet sie schnell zu ihrer Selbstsicherheit zurück. Ein kurzes Zupfen am Rock des lindgrünen Kostüms, und schon kommen ihre Beine, auf die sie seit ihrer Jugend stolz ist, voll zur Geltung. »Zu Kerner gehe ich lieber als zu Beckmann«, hatte sie mir kurz vorher verraten, »bei Beckmann sitzt man hinter einem Tisch, da sieht man die Beine gar nicht.«

Als erfahrener Talkshow-Gast schießt sie ihr bewährtes Feuerwerk an Pointen ab.

»Was ist katholisch? Als Kinder haben wir die Antwort bekommen: Die lügen, dann beichten sie, und dann lügen sie wieder. Das ist katholisch.«

»Was ist das Christentum? Eine 2000 Jahre alte Märchenreligion.«

»Sind Sie noch Katholikin?« – »Nein, aber ich bin vielleicht die einzige Christin, weil ich auf Jesu Wort höre.«

»Ich glaube an ein Leben nach dem Tod. Da will ich meinen Mann wiedersehen, meine Mutter und meinetwegen auch Sie, Herr Kerner.«

»Eine Päpstin bekommen wir nie, weil der Papst sich schon längst auf allen Bischofssitzen selber geklont hat.«

»Als einziges Mädchen an einem Gymnasium mit 800 Jungen hatte ich die freie Auswahl. Nur mein Mann, den ich mir auf der Schule ausgesucht habe, hat sich später beklagt, dass er überhaupt keine Auswahl hatte.«

Bei Bettina Böttinger bringt URH bereits bei den zehn Einstiegsfragen die Lacher auf ihre Seite.

»Was halten Sie von Schnittblumen?« – »Die tun mir Leid.«

»Bei welchem Getränk werden Sie schwach?« – »Ich werde niemals schwach.«

Dann geht es munter weiter, etwa mit der Frage, warum sie immer das grüne Kostüm trägt. URH antwortet schlagfertig: »Der Papst hat doch auch immer dieselben Klamotten an.« »Ihre Meinung über das

Wort zum Sonntag?« – »Es ist unentbehrlich, denn es gibt keine andere Sendung, bei der man getrost rausgehen und Bier holen kann in der Gewissheit, dass nicht das Geringste passiert ist, wenn man zurück kommt.«

Oft wird URH als Expertin für Moral- und Rechtsfragen eingeladen. Nicht immer sagt sie zu. »Ich muss immer aufpassen, dass ich nicht als Alibi missbraucht werde, wenn in manchen Sendungen nur schmutzige Wäsche gewaschen wird und unter dem Deckmantel der Information sexuelle Abartigkeiten vorgeführt werden.« Einmal hatte sie bereits ihre Teilnahme zugesagt, da erfuhr sie unmittelbar vor der Abreise von der Redaktionssekretärin, dass die Sendung den Titel »Schweinereien« trug. »Ich habe sofort gesagt, ohne mich.«

In letzter Zeit wird besonders oft ihr Wissen zum Thema »Wann beginnt das menschliche Leben?« abgerufen. Empfängnisverhütung, Abtreibung, Embryonenforschung, Klonen – immer wieder fragen die Wissenschaftler nach den Grenzen, die dem Menschen gesetzt sind – oder auch nicht. URH warnt sie davor, Antworten ausgerechnet von der katholischen Kirche zu erhoffen. Die nämlich habe in der Debatte um die Genforschung allenfalls pseudoreligiöse Ideologien zu bieten.

Wie wirksam und nachhaltig solche kirchlichen Ideologien sind, zeigt sich im Herbst 2001 auf dem Höhepunkt der Debatten über die Forschung an Embryonen. Andrea Fischer, kurze Zeit Bundesgesundheitsministerin und danach Gen-Expertin der Grünen, lehnt Experimente mit befruchteten Zellen auch dann ab, wenn dadurch Leben gerettet werden könnte. Andrea Fischer stammt aus Aplerbeck, einem ländlichen Vorort von Dortmund, und aus einem streng katholischen Elternhaus. Trotz ihres kritischen Geistes glaubt sie daran, dass menschliches Leben bei der Befruchtung der Eizelle beginnt, so, wie es die Kirche lehrt: Die befruchtete Zelle ist ein Mensch, hat eine Seele. 1991 hatte Kardinal Lehmann bekräftigt, ein neues Individuum entstehe im Augenblick der Empfängnis.

Falsch, hält ihm URH entgegen. Ein Individuum, ein »Unteilbares«, ist dies Gebilde noch nicht, denn bis etwa zum zwölften Tag kann es noch zu einer Zellteilung kommen. Doch davon abgesehen ist die katholische Lehre auch sonst keine Hilfe, denn bis 1869 galt eine andere Lehrmeinung, nämlich die von der Sukzessiv-Beseelung, der Beseelung nach und nach.

Diese Idee geht auf Aristoteles zurück, der glaubte, dass der männliche Fetus nach 40 Tagen eine Seele erhält und der weibliche nach 90 Tagen. Das katholische Kirchenrecht behandelte den Fetus bis zum Jahr 1869 als »Körperteil der Mutter« bis zum 80. Tag nach der Empfängnis und unterschied folglich zwischen dem unbeseelten und dem beseelten Embryo. Die Abtreibung eines »unbeseelten« Fetus war zwar eine Todsünde, wurde aber im Gegensatz zur Abtreibung nach 80 Tagen nicht mit Exkommunikation geahndet. In Zeitschriften und Rundfunksendungen erläutert URH immer wieder, dass die heutige Auffassung von der Sofortbeseelung im Augenblick der Empfängnis auf Papst Pius IX. zurückzuführen ist.

Der hatte nämlich 1854 Marias Unbefleckte Empfängnis zum Dogma erhoben.

»Gemeint ist die Empfängnis, bei der Maria von ihrer Mutter Anna empfangen wurde, und nicht, wie 99 Prozent der Leute glauben, bei der Maria Jesus vom Heiligen Geist empfangen hat. Gemeint ist mit unbefleckt ›unbefleckt von Erbsünde‹ – was immer das bedeutet.« 1869 schließlich fiel auch Pius IX. auf, dass eine Unterscheidung in einen unbeseelten und einen beseelten Fetus im Hinblick auf Maria problematisch war, denn 80 Tage lang war der Fetus ja nur ein unbeseelter Zellklumpen, dessen unbefleckte Entstehung zu feiern keinen Sinn ergab. Also hob er kurzerhand die Unterscheidung zwischen beseeltem und unbeseeltem Fetus auf und erklärte die Sofortbeseelung zur Lehre der Kirche. URH: »Letztlich wegen Maria verstößt Genforschung gegen die Menschenwürde.« Kaum anzunehmen, dass Andrea Fischer bei ihrer Rede im Bundestag diesen Sachverhalt kannte, sonst hätte sie vielleicht nicht eine erst anderthalb Jahrhunderte alte Glaubenslehre zur Grundlage ihrer ablehnenden Haltung gegenüber der Forschung an Embryonen gemacht. URH verweist auf Karl Rahner, einen der wichtigsten Theologen des vorigen Jahrhunderts, der schon 1967 in einem Aufsatz »Zum Problem der genetischen Manipulation« Experimente mit menschlichen Keimzellen nicht von vornherein abgelehnt hatte. Er schrieb: »Es wäre doch an sich denkbar, dass Gründe für ein Experiment sprechen, die stärker sind als das unsichere Recht einer dem Zweifel unterliegenden Existenz eines Menschen.« Dies aber heißt doch nicht mehr und nicht weniger, als dass sich Rahner 1967 jedenfalls unsicher über den tatsächlichen Beginn menschlichen Lebens war. Ähnlich spannend ist die Diskussion über die Frage, wann Leben endet und ob der Mensch es selber beenden darf. URH ist sowohl gegen Abtreibung als auch gegen Sterbehilfe.

Jürgen von der Lippe wurde vor einiger Zeit in einem Zeitungsinterview nach seinen Lieblingsheldinnen in der Wirklichkeit gefragt. Seine Antwort: Tina Turner, Steffi Graf und Uta Ranke-Heinemann.

Kandidatin für den Frieden

Im Jahr 1999 – der Bundeskanzler heißt jetzt Gerhard Schröder – ist wieder Krieg, diesmal in Jugoslawien. Die Bundeswehr unterstützt die NATO auch bei den Bombenabwürfen, mit denen die beteiligten Volksgruppen zur Einstellung der Kampfhandlungen gezwungen werden sollen. Nicht nur der Kanzler, auch sein Außenminister Joschka Fischer von den »Grünen« hat den NATO-Einsätzen und der deutschen Beteiligung zugestimmt. Die Friedensbewegung holt aus Schuppen und Kellern alte Transparente hervor und bastelt neue Spruchbänder und Plakate. URH als Radikal-Pazifistin lehnt jeden Waffeneinsatz ab. »Für das Töten gibt es keinen Rechtfertigungsgrund – niemals.«

Irgendwann im April klingelt in der Henricistrasse 28 in Essen das Telefon. URH lebt seit Jahren in dem Wahn, jederzeit erreichbar sein zu müssen, und zwar sofort. In allen Etagen ist das Telefon so geschaltet, dass der Anruf auf den drahtlosen Apparat umgeleitet wird, für den URH eigens ein Etui zum Umhängen gehäkelt hat. Der Anrufer stellt sich als Vorsitzender der PDS vor. Lothar Bisky kommt gleich zur Sache. Er möchte, dass URH am 23. Mai für die PDS als Kandidatin für das Amt der Bundespräsidentin ins Rennen geht. Ob Gregor Gysi zur Klärung weiterer Einzelheiten zu ihr nach Essen kommen dürfe?

Wie alle Gäste bekommt Gysi einen Platz in der Küche angeboten. Die dunkle Blumentapete schluckt viel Licht, der vorgebaute Wintergarten ist auch nicht sonderlich hell, weil sich in dem seit Jahren verwahrlosten Garten ein dichter Mini-Wald gebildet hat. Vom Fliesenboden geht Kälte aus. Auf dem Tisch eine Wachstuchdecke, eine trübe Lampe, ein krächzendes Radio vom Typ Grundig-Dreiband-Weltempfänger, an dem nur englische und französische Sender programmiert sind, davor eine Dose mit Messern und anderen Besteckteilen, Essig und Öl, eine Zuckerdose und ein feuchtes Küchentuch, mit dem URH sofort die Tischdecke abwischt, wenn Wasser oder Tee verschüttet wird. An den Wänden etliche gerahmte Fotos vom einzigen Enkel, URH mit übergeschlagenen Beinen auf dem Bett hockend, auf einem Hometrainer-Fahrrad strampelnd, Uta und Edmund im Gespräch, ein Zeitungsausschnitt über Sohn Andreas, aus einer italienischen Illustrierten eine Bestsellerliste Tutto libri mit den »Eunuchen« auf Platz 6, aus Polen der Bestsellerreport mit »Nein und Amen« auf Platz

1. Auf Nägeln an der Wand jederzeit griffbereit zwölf Messer in verschiedenen Größen, ein Teesieb und ein Schuhanzieher. Beim Tee trägt Gysi den Wunsch seiner Partei vor.

»Ich bin keine Politikerin, ich sage nur, hört auf zu bomben!« URH sagt zu, doch nicht, um ernsthaft das Amt der Bundespräsidentin anzustreben, sondern weil sie in ihrer Kandidatur eine große Chance sieht, mit ihrem Appell zum Frieden in die Medien zu gelangen. »Ich kandidiere, mache aber sonst gar nichts und gehe auch nirgendwo hin, nur zur Wahl nach Berlin. Vom Ochsen kann man nicht mehr als Rindfleisch erwarten. Ich bin und bleibe Theologin und werde niemals Politikerin.« Gysi ist mit allem einverstanden, auch damit, dass er die Flugtickets besorgen muss.

Am 26. April schlägt der PDS-Bundesvorstand der Partei URH als Kandidatin für das höchste Amt im Staate vor. »Der Vorstand bekundet größte Hochachtung vor der Entscheidung von Frau Professor Ranke-Heinemann, sich als höchst glaubwürdige Vertreterin der Friedensbewegung für die Kandidatur zur Verfügung zu stellen«, sagt Lothar Bisky anschließend vor Journalisten. Am 9. Mai treffen sich die der Bundesversammlung angehörenden PDS-Vertreter, um die parteilose Kandidatin offiziell zu nominieren. »Ist das nicht merkwürdig, die haben mich nominiert, ohne mich zu kennen?«, sagt URH zu Edmund. »Nein«, erwidert Edmund schlagfertig, »merkwürdig wäre es gewesen, wenn sie dich kennen würden und trotzdem nominiert hätten.«

Die Spekulation auf ein gewaltiges Presseecho geht auf. In zahlreichen Interviews in allen Medien macht URH deutlich, dass sie mit ihrer Kandidatur nur ein Zeichen gegen den Krieg setzen will. »Ich trete nicht in die Fußstapfen meines Vaters, da es nicht dazu kommen wird, dass ich gewählt werde.« Mehrere Journalisten haben dieselbe Idee und schreiben, Gustav Heinemann würde sich im Grab umdrehen, wenn er sehen könnte, wie seine Tochter das höchste Staatsamt »missbraucht«. Blanker Hass schlägt ihr von einzelnen SPD-Politikern entgegen, die befürchten, URH nehme ihrem Favoriten Johannes Rau Stimmen weg und gefährde damit seine Wahl zum Staatsoberhaupt. Dies sei angesichts der verwandtschaftlichen Bande ganz besonders verwerflich; »Bruder Johannes« ist schließlich mit einer Nichte von URH verheiratet und nennt sie im familiären Kreis deshalb auch »Tante«.

Raus »Tante« wird nicht müde klarzustellen, dass sie ihrem »Neffen« auf keinen Fall schaden wird. Außerdem habe er doch immer selber gesagt, dass er nicht auf PDS-Stimmen angewiesen sein möchte. Allen Versuchen, ihren Vater gegen sie auszuspielen, tritt sie energisch entgegen: »Nicht die SPD, sondern ich bin die einzig legitime Stimme meines Vaters, nämlich eine Stimme gegen den Krieg. Mein Vater hätte niemals Bomben werfen lassen – auf kein Volk der Erde. Im Übrigen bin ich davon überzeugt, dass auch im SPD-Parteiprogramm nichts von Bomben auf den Kosovo steht.«

Als Radikal-Pazifistin muss sich URH die Frage gefallen lassen, wie sie denn den Jugoslawien-Konflikt lösen würde. »Ich habe kein Patentrezept, aber vielleicht sollte man es mit einer internationalen Schutztruppe mit einem Mandat der Vereinten Nationen versuchen.«

Am Morgen des 23. Mai fliegt URH früh mit ihrer Schwiegertochter Sabine nach Berlin. Die Wahl des Bundespräsidenten erfolgt ohne Aussprache, heißt es im Gesetz. »Ich hätte ja gern auch noch im Reichstag eine Rede gegen den Krieg gehalten, aber im Rückblick bin ich doch sehr zufrieden mit dem Medienecho auf mein Anliegen«, zieht sie wenig später Bilanz. 1333 Männer und Frauen wählen das Staatsoberhaupt. Außer Rau und URH kandidiert Dagmar Schipanski, die von den Unionsparteien nominiert wurde und den Vorteil hat, aus der ehemaligen DDR zu stammen. Bei dieser Konstellation kann es keinen Zweifel geben, dass kein Bewerber im ersten Wahlgang die erforderliche absolute Mehrheit bekommt.

URH und ihre Schwiegertochter nehmen auf der Zuschauertribüne neben den Angehörigen des Rau-Clans Platz. »Viele kannte ich, alle waren sehr freundlich zu mir. Einigen habe ich immer wieder gesagt, wie sehr ich mich freue, so viele nette neue Verwandte kennen zu lernen.« Nach der Rede des Bundestagspräsidenten Wolfgang Thierse beginnt der Wahlakt. Im zweiten Wahlgang wird bei acht Enthaltungen Johannes Rau mit 690 Stimmen gewählt. 572 entfallen auf Dagmar Schipanski, 62 auf URH, eine Stimme ist ungültig. Uta und Sabine Ranke-Heinemann applaudieren dem Sieger. Die PDS bedankt sich bei ihrer Kandidatin mit einem Blumenstrauß. Sie verschenkt ihn gleich weiter an Johannes Rau, der seine »Tante« herzlich umarmt und ihr ein Kompliment macht: »Tante Uta, was hast du für ein hübsches Kostüm an!« Es ist natürlich das grüne aus Anilinleder. Der Bundeskanzler kommt hinzu und begrüßt die Gruppe herzlich. Johannes Rau sagt wenig später: »Jetzt kenne ich erst richtig die zweite Bedeutung des Wortes Familienbande.«

Im Februar 2003 wird Rau von Schülerinnen des Essener Nordost-Gymnasiums für die Neue Ruhr-Zeitung interviewt und gefragt, was er bei der Gegenkandidatur von URH empfunden habe. Rau: »Sie hat ja nie ernsthaft Bundespräsidentin werden wollen. Sie wollte mit ihrer Kandidatur gegen die Militarisierung der Welt protestieren. Das will sie immer noch, und darin ist sie unübertrefflich. Im Übrigen ist sie eine liebenswerte Tante meiner Frau.«

Noch am späten Nachmittag fliegen Uta und Sabine nach Hause. Wieder einmal ist ein Zeichen gesetzt.

Abschied von Edmund

Auf dem Rückflug und in den folgenden Tagen zu Hause geben viele Leute URH zu verstehen, dass sie die Absicht der Kandidatur, nämlich ein Zeichen für den Frieden zu setzen, durchaus begriffen haben. Bei Aldi fügt die Kassiererin hinzu, sie hätte sich gefreut, wenn tatsächlich erstmals eine Frau Präsidentin geworden wäre. »Aber Johannes Rau ist doch auch eine gute Wahl«, antwortet URH schnell, um gar nicht erst den Verdacht aufkommen zu lassen, aus Ehrgeiz das höchste Staatsamt tatsächlich angestrebt zu haben. Von wenigen Ausnahmen abgesehen sind die Leute stets auf ihrer Seite, wenn sie auf die deutsche Beteiligung an den Bombeneinsätzen zu sprechen kommt. »Ich will nur eine mahnende Stimme sein, mehr nicht.«

Hin und wieder fragen Leute, warum sie die SED-Nachfolgepartei PDS unterstützt habe. »Weil die PDS die einzige Partei im Bundestag ist, die konsequent gegen den Krieg ist«, lautet die Antwort. Ihr Mut, sich von der PDS nominieren zu lassen, wird ihr in den neuen Bundesländern hoch angerechnet. Sie bekommt zahlreiche Einladungen zur Teilnahme an Talkshows und Diskussionen. Sparkassen, Vereine, Verbände und Kirchengemeinden laden sie als Referentin ein. URH ist nicht mehr die Jüngste. Manchmal sagt sie ab, weil ihr die Reise zu anstrengend ist. Mit zunehmendem Alter wächst überdies ihre Angst, überfallen zu werden. Dies hängt damit zusammen, dass sie zwar kaum deutsche Fernsehprogramme guckt, sondern am liebsten ausländische Stationen, aber eine Sendung im ZDF sieht sie seit vielen Jahren regelmäßig: »Aktenzeichen XY … ungelöst«. Man mag es kaum glauben, aber URH hält Eduard Zimmermann wirklich für einen der besten Journalisten. Sein Nachfolger Rudi Cerne gefiel ihr erst gar nicht. Mittlerweile findet sie ihn aber auch ganz gut. An der Sendung schätzt sie die realistischen Darstellungen der Straftaten.

Die Folgen bleiben nicht aus. Seit einiger Zeit schneidet URH Berichte von Überfällen auf ältere Frauen aus der Zeitung aus und klebt sie an die Wand hinter dem Küchentisch. Mit dem Zug zu fahren wagt sie kaum noch, die Menschen auf den Bahnhöfen sind ihr unheimlich, erscheinen ihr bedrohlich. Auf dem Flughafen Düsseldorf dagegen fühlt sie sich sicher, dies auch deshalb, weil das Lufthansa-Personal sie mittlerweile kennt und sie den VIP-Raum benutzen darf, obwohl sie selber noch nie ein Ticket gekauft hat. Die Flugkarten besorgen müssen seit eh und je die Gastgeber, die sie einladen. Das aber weiß man auch bei der Lufthansa, so dass ihr trotzdem der Status der »Vielfliegerin« zuerkannt wurde.

Auf Reisen kommen Geld und Ausweis immer in den selbst gehäkelten Brustbeutel. Kleidung für einen Tag wird in einer Aldi-Tüte verstaut. »Die klaut mir keiner.« Am meisten Sorgen macht sie sich um die Saphir-Ohrringe, auf die sie aber nicht verzichten möchte, weil sie so gut zum grünen Kostüm passen. Als z.B. im März 2003 in Essen eine Filiale der Mayerschen Buchhandlung mit einem festlichen Abendempfang für geladene Gäste eröffnet wird, besteht sie darauf, dass Christian Stratmann, der Bruder des Kabarettisten »Dr. Stratmann«, uns auf dem Heimweg die paar Schritte bis zu meinem Auto in der Tiefgarage mitten im Stadtzentrum begleitet. Mit nur einem Beschützer fühle sie sich in der dunklen Stadt zu unsicher. So passen denn zwei Männer auf die Ohrringe auf, Christian auf den rechten, ich auf den linken.

Die Tage und Monate vergehen mit Korrekturen an den »Eunuchen« und mit Ergänzungen für »Nein und Amen«. Edmund Ranke klagt immer häufiger darüber, dass ihm das Kochen Mühe macht. Die Augen werden schlechter, das Lesen am Computer anstrengender. URH spürt, dass es mit ihrem Mann zu Ende geht, immerhin wird er im November 2001 79 Jahre alt.

Edmund hat diesen Geburtstag nicht mehr erlebt. Am Abend des 10. September verschlechtert sich sein Zustand so sehr, dass er ins Krankenhaus gebracht werden muss. Er bittet seine Frau, ihm Tabak für seine geliebte Pfeife zu besorgen. In der Nacht erleidet er einen Herzinfarkt. Am Morgen jenes 11. September 2001, an dem die Vereinigten Staaten von den folgenschwersten Terroranschlägen ihrer Geschichte erschüttert werden, ist Edmund noch bei Bewusstsein. Er scherzt und macht sich Sorgen, wie Uta klar kommt, wenn er nicht zu Hause ist. »Glaubst du eigentlich an ein Leben nach dem Tod?«, fragt sie ihren Mann. »Ganz gewiss«, antwortet Edmund, »aber viel wichtiger wäre, dass du etwas isst.« Gegen Mittag mahnt er: »Uta muss jetzt aber etwas essen.« URH und Schwiegertochter Sabine gehen aus dem Zimmer. Sie haben gemerkt, dass er immer schwächer wird, und kommen schon nach zwei Minuten zurück. »Wir haben eben zu Mittag gegessen.« Edmund ist zufrieden: »Das ist gut so.« Er schließt die Augen und ist tot.

Obwohl sie seit gut drei Wochen geahnt hat, dass dieser Abschied schon bald kommen würde, bricht für URH die Welt zusammen. 56 Jahre der engen Gemeinsamkeit sind beendet. Sie ist verzweifelt, möchte niemand sehen und in ihrer Trauer allein sein. Die Kinder müssen eine Todesanzeige aufgeben, in der steht, dass Edmund im engsten Familienkreis beigesetzt worden sei. In Wirklichkeit ist er noch gar nicht beerdigt. Die Formalitäten erledigen die Söhne, auf welchem Friedhof Edmund bestattet wird, will URH nicht wissen. Immer wieder muss sie weinen, vor allem nachts in dem leeren großen Haus. Zur Beerdigung geht sie nicht mit. Der Gedanke, dass Edmund jetzt unter der Erde liegt, erscheint ihr unerträglich. Alles ist grau, schwarz, dunkel. »Ich will zu Edmund, ich will sterben«, wird zum Standardsatz, mit dem sie alle Nachfragen und Beileidsbekundungen abwehrt. Für die Todesanzeige hat sie den Spruch 2. Samuel 12, 23 gewählt: »Du wirst nie mehr zu mir kommen, aber ich werde zu dir kommen.«

Bald darauf, am 3. Oktober 2001, hat URH Geburtstag, sie wird 74. Ich frage telefonisch an, ob ich sie besuchen darf. Schon seit Jahren werden ihre Geburtstage nicht mehr gefeiert, meist sind außer mir nur zwei oder drei Gäste anwesend. Auch diesmal möchte sie am liebsten allein bleiben, aber dann schickt sie mir kurz danach eine E-Mail: »Natürlich können Sie klingeln, aber das leere, schweigende Haus ist unheimlich, es ist kein Zuhause mehr für mich. Gefeiert wird auch nicht, und ich bin erkältet, habe keinen Appetit, wenn Sie nichts von mir erwarten, ist mir alles egal. Und noch was, wann ungefähr werden Sie klingeln?«

»Ist Ihnen 15 Uhr recht? Ich bringe was von Overbeck mit«, schreibe ich zurück.

»Wenn Sie nichts von mir erwarten, ist mir alles recht«, lautet die prompte Antwort.

Es wird ein trauriger Nachmittag. URH ist nur noch ein Schatten ihrer selbst. Ihre sonst so munteren Augen sind dunkel umrandet, trüb und müde, ihre Energie scheint verbraucht zu sein. »Ich glaube, Edmund hat alle meine Wurzeln ausgerissen und mitgenommen«, schildert sie ihren Zustand. »Mich hält hier nichts mehr. Ich möchte nur noch zu Edmund.«

Von dem Kuchen isst sie nur wenig. »Ich esse kaum noch etwas, seit Edmund nicht mehr da ist«, räumt sie ein. Nach einigem Hin und Her gibt sie zu, dass sie sich hauptsächlich von Brot, Schmalz, Tomaten und Salatgurken ernährt. Vor dem Gasherd hat sie Angst. »Ich hab einen Topf mit Wasser und einigen Kartoffeln aufgesetzt, um Pellkartoffeln zu machen. Dann rief jemand an, da habe ich das Ganze vergessen. Das Wasser ist verdampft, die Kartoffeln waren bereits angekohlt, als ich in die Küche kam.« – »Der Herd muss raus«, rate ich ihr, »er ist uralt und hat keine Sicherung. Wenn etwas überkocht und die Flamme erlischt, strömt weiter Gas aus.«

Ich erkläre ihr die Funktion der Mikrowelle, die mit einer Zeitschaltuhr ausgestattet ist. »Damit lassen sich Fertiggerichte problemlos zubereiten.« – »Aber die sind meist mit Fleisch, und Fleisch mag ich nun mal seit meiner Kindheit nicht.« Als begeisterter Hobbykoch weiß ich, dass es nicht viel Mühe macht, für eine Person mehr mitzukochen. Ich biete ihr an, sie drei oder vier Mal die Woche mit einer warmen Mahlzeit zu versorgen. So geschieht es auch. Während Edmund eher deftig mit viel Fleisch gekocht hat, lege ich Wert auf Salate und feine Frischeküche. Eintöpfe gibt es aber auch. Mittlerweile hat sich URH gut auf diese Kost à la Biolek eingestellt. Zum ersten Mal beispielsweise lernt sie Avocados auf Eisbergsalat kennen. »Ich hab mir gleich welche gekauft, aber die schmecken ganz anders als die von Ihnen«, erzählt sie mir und zeigt mir – eine harte Mango. Sohn Andreas hält mich übrigens für einen Engel. »Das mit dem Essen für meine Mutter hat Papa im Himmel alles so arrangiert.«

Es dauert Monate, bis die schlimmsten Depressionen überwunden sind. Zur Aufhellung des Gemüts trägt ein neuer Fernseher mit einer superstarken Satelliten-Anlage bei. Der Fernsehtechniker programmiert ihr zahlreiche ausländische Sender, vor allem englische, amerikanische, spanische, russische und den besonders beliebten italienischen Kirchensender Tele Pace, der allabendlich eingeschaltet wird. Im amerikanischen Eternal Word Television Network sieht sie regelmäßig eine Nonne »Mother Angelica«, »die ist zwar keine Mutter, aber für den Frieden und für Feindesliebe«. Radio Vatikan »mit dem Papst abends als mein theologisches Sandmännchen« verliert allmählich an Bedeutung.

Ein neuer Kühlschrank wird angeschafft und schließlich auch ein sicherer Gasherd. Kartoffeln, Püree, Reis und Blumenkohl zu kochen ist kein Problem mehr. Nach langem Suchen entdeckt URH einen Elektrokocher für nur drei Eier. Und URH leistet sich endlich auch ein neues Hörgerät, was umso erstaunlicher ist, als sie weiß, dass Krankenversicherung und Beihilfe nur einen Teil der Kosten tragen. »Ich habe vieles nicht mehr mitbekommen und weiß jetzt auch, warum im Holländischen taub doof heißt. Man wird dumm, wenn man nicht gut hört.« Das Leben gerät langsam wieder in normale Bahnen.

Wenn sie unter Leute kommt, fragt URH die Menschen oft nach ihren Vorstellungen vom Tod und einem Leben danach. Als sie in einer Fernseh-Talkshow erzählt, dass sie nicht zum Grab ihres Mannes gehen kann, bekommt sie stapelweise Briefe, in denen Witwen schildern, dass es ihnen ebenso ergeht. Wie kommt es zu dieser Einstellung, die von anderen, die das »Erweisen der letzten Ehre« geradezu als Pflicht ansehen, als ungewöhnlich empfunden wird? »Ich will einfach nicht endgültig Abschied nehmen, weil ich an ein Weiterleben des Geistes und ein Wiedersehen glaube. Im Grab ist nicht Edmund, nur seine körperliche Hülle.« Im Frühjahr 2002 sagt sie überraschend: »Ich denke zwar immer noch an Edmund, aber inzwischen habe ich mich aufs Überleben eingestellt. Ich war in den letzten beiden Wochen in Berlin bei ›Vera am Mittag‹ zum Thema Abtreibung und beim MDR in Leipzig zum Thema Leben nach dem Tod. Es hat mir Spaß gemacht.« Nach der Sendung bekommt sie einen Brief von einer ehemaligen Interflug-Stewardess, von der sie 1972 auf dem Flug nach Vietnam betreut worden ist. Für die Schreiberin aus der ehemaligen DDR war es nach eigenen Worten eine große Freude, ihren Fluggast jetzt im Fernsehen wiederzusehen.

Ganz allmählich gewinnt URH ihren Lebensmut und Humor zurück. Zum ersten Mal in ihrem Leben bringt sie sich selber Blütenzweige mit, beim Spaziergang im Park oder von einem überhängenden Busch in einem der vielen Vorgärten des gutbürgerlichen Wohnviertels im Vorübergehen schnell abgeknickt. Platz für zwei kleine Vasen ist auf dem neuen Kühlschrank. Aus dem Safe kramt URH ein wunderschönes Paar Brillant-Ohrringe hervor. »Kann ich damit wohl zu Aldi gehen?«, fragt sie ihren Sohn Andreas. »Mutter, das bist du dir doch wert«, hat er geantwortet. »Da habe ich sie mir angesteckt und bin zu Plus gegangen, weil ich nur ein Paket Buttermilch brauchte.«

Der 75. Geburtstag

Einige Tage vor dem 2. Oktober 2002 kommt Leben in das Haus Henricistraße 28. Die Deutsche Presseagentur dpa möchte zum 75. Geburtstag von URH einen Korrespondentenbericht senden und bittet um ein Gespräch. Helge Thoben, der Leiter des Essener dpa-Büros, hat sich gründlich in die Biografie eingelesen und verfasst einen umfangreichen und sachlichen Bericht. Andreas Rehnolt von Associated Press Düsseldorf muss für AP, den Saarländischen Rundfunk und andere Kirchenfunkredaktionen ebenfalls über das bewegte Leben der ersten katholischen Theologieprofessorin der Welt berichten. Er braucht zusätzlich so genannte O-Töne und hat ein Aufnahmegerät mitgebracht. Auch Iris Hildebrandt vom Essener WDR-Studio kommt mit ihrem Tonbandgerät. Sie ist verantwortlich für das ARD-Sammelangebot, das alle öffentlich-rechtlichen Sender in Deutschland, Österreich und der Schweiz nach Belieben nutzen können. Das »Sammel« besteht aus einer »Nachrichtenminute«, die allerdings nur maximal 40 Sekunden lang sein darf und für die Nachrichtenmagazine gedacht ist, und aus einem Bericht von längstens vier Minuten für alle übrigen Sendungen.

Der Evangelische Pressedienst epd entsendet einen Fotografen, der bereits mit einer Digitalkamera arbeitet. URH betrachtet mit großem Interesse die Ergebnisse auf dem Display. WAZ-Fotograf Sven Lorenz kommt mit einer Kleinbildkamera und hat ein lichtstarkes Spezialobjektiv mitgebracht. »Sie dürfen alles machen, auch die Fenster putzen«, empfängt URH die Bildjournalisten an der Haustür. »Ich mache gern alles mit, dann brauche ich mich später nicht über ein misslungenes Foto zu ärgern.«

URH hat sich von mir überzeugen lassen, dass das lindgrüne Lederkostüm den Fernseh-Talkshows vorbehalten bleiben sollte. Sie kramt eine Weile in den Kleiderschränken und entscheidet sich für eine beigefarbene Cordhose, eine weiße Bluse mit einem Halstuch und eine maisfarbene Jacke aus weichem Wollgewebe. Die Hose wird gegen den Rock des grünen Kostüms getauscht, damit auf einem Ganzkörperporträt ihre Beine gut zur Geltung kommen. Unter den mehr als 200 Paar Schuhen wählt sie zielsicher ein zu enges lindgrünes.

»Ich habe Größe 37, im Ausverkauf bekomme ich die Schuhe ganz billig, deshalb kaufe ich dann immer gleich mehrere Paare.« Jacke und

Hose stammen aus den siebziger Jahren. »Kleidung kaufe ich nicht mehr; wenn ich was brauche, dann stricke ich es mir selber.«

Mit den Fotografen geht es durch alle Räume bis zum Dachboden auf der Suche nach aussagefähigen Hintergründen und den besten Lichtverhältnissen. Sven Lorenz komponiert ein Gesamtkunstwerk. Er setzt sie in einen Sessel, fügt im Hintergrund ein Wahlplakat der Friedensliste von 1984 ein und drapiert um den Sessel herum mehrere Jutesäcke der französischen und italienischen Post. »Da waren Bücher für mich drin. Ich habe sie danach mit meinen Notizen und Textentwürfen gefüllt für den Fall, dass irgendein Tatbestand nachgeprüft werden muss. Das war bisher aber noch nicht nötig.«

Bernd Kassner aus der WAZ-Lokalredaktion ist Experte für Kirchenfragen und interviewt URH am Telefon. Einschließlich des Bildes hat er eine halbe Seite für die prominente Essenerin reserviert. Der Bericht ist mit Abstand der informativste, er wird auch am besten der komplizierten Persönlichkeit von URH gerecht. »Es ist das Schicksal der Professorin, dass sie wissen will, wo anderen der Glaube reicht. Eine zarte, verletzliche und liebevolle Frau, … die plötzlich innehält und leise bemerkt: ›Ich habe hier keine Heimat mehr. Ich suche ein Haus für mich und meinen Mann.‹«

Das Fernsehen kommt. Markus Ingenhorst und Arnd Stein vom WDR Essen erscheinen mit Kameramann und Tontechniker. Sie alle sind fasziniert von den schätzungsweise 8000 zum Teil sehr kostbaren und drei bis vier Jahrhunderte alten Büchern – und von der 75-jährigen Frau, die da so munter und aufgedreht durchs Haus eilt und die diese Bücher alle gelesen hat, manche sogar mehrmals. Sie lassen sie ausführlich erzählen, als Profis wissen sie schon beim Zuhören, was sie davon auswählen werden: ihr Bekenntnis, dass sie an eine Wiederbegegnung mit ihrem Mann, ihren Eltern und anderen lieben Menschen glaubt, ihr Kampf um ihren katholischen Mitschüler Edmund, den sie unbedingt auch gegen den Willen ihres Vaters heiraten wollte, der damals Präsident des Rates der Evangelischen Kirche in Deutschland war, ihr Studium, ihre Habilitation, ihre Arbeit als Bestsellerautorin …

Das Fernsehteam nimmt sie mit in die Innenstadt. Vor den Bistumsgebäuden schildert sie den Verlust ihres Lehrstuhls, weil sie das Dogma von der Jungfräulichkeit Marias nicht länger akzeptieren wollte. »Mein Verstand sagte nein. Da hatte es sich ausgejungfert.« Vor dem Essener Dom wird sie von einer Passantin angesprochen. »Geben Sie nicht nach, es ist so wichtig, dass es Sie gibt«, sagt die Frau. »Ich wünsche Ihnen alles Gute.« Die Füße schmerzen in den zu engen grünen Schuhen. URH schafft es gerade noch bis zu Baedecker, der ältesten Buchhandlung schräg gegenüber der Kathedrale, doch als es zwei Etagen höher zur Fachbuch-Abteilung »Theologie« gehen soll, verzichtet sie wegen der Schmerzen auf eine Kontrolle, ob dort auch die Neuauflage von »Nein und Amen« ausliegt.

Am Geburtstag selbst erscheint als Erster ihr ehemaliger Juwelier mit einem selbst geschnitzten Speckstein, der als Bücherstütze dienen soll. Ich bin der zweite Gast. »Blumen machen nur Arbeit«, ist mir noch gut in Erinnerung. Daher habe ich frisch vom Markt einen Käsekuchen mitgebracht. Schwester Christa weiß, dass Uta nichts eingekauft hat, und hat vorsorglich für die kleine Runde zu Hause in Bielefeld einige Butterbrote geschmiert. Den Söhnen Andreas und Johannes hat URH gesagt, sie sollten zu Hause bleiben. Sie tun das auch. Ich bin mir freilich sicher, dass sich URH doch riesig gefreut hätte, wenn ihre beiden Kinder sich über das »Verbot« hinweggesetzt hätten.

Der Postbote bringt einen Stapel Glückwünsche. Freunde und Bekannte, aber auch unbekannte Leserinnen und Leser wünschen alles Gute. »Neffe« Johannes Rau, Bundeskanzler Gerhard Schröder und WDR-Intendant Fritz Pleitgen haben Briefe geschickt, die nicht von Referenten verfasst wurden, sondern viele persönliche Erinnerungen an gemeinsame Zusammentreffen enthalten. Immer wieder klingelt das Telefon. Einer der Anrufer, mit denen sie lange spricht, ist Alt-Bundespräsident Walter Scheel, mit dessen Frau Mildred URH eng befreundet war. Scheel will nach China reisen, obwohl er schwer krank ist, berichtet sie.

Utas Freundin Anna, eine Spanierin vom Opus Dei Essen, mit der sie oft sonntags spazieren geht, hat sich entschuldigt. Sie ist bereits nach Rom abgereist. Dort will der Papst am Sonntag den Opus-Dei-Gründer Josemaria Escrivá de Balaguer heilig sprechen. Anna hat ihn persönlich gekannt und verehrt ihn sehr, obwohl Uta immer wieder behauptet, er sei Faschist und Masochist und wahrscheinlich auch schwul gewesen. Immerhin hatte er ein großes Vergnügen an Geißelungen mit einer Dornenpeitsche. Anna wird dann immer wütend und besteht darauf, der spanische Wunderheiler sei ein Heiliger. »Anna, gib es zu, du warst damals in Spanien in ihn verliebt!« »Nein, nein, nein«, kreischt sie dann, »ich habe ihn nur sehr verehrt.«

Auch Elena Michailowna, eine Russin, fehlt diesmal in der Geburtstagsrunde. Sie ist zu ihrer Schwester nach Moskau gefahren. Kurz nach elf Uhr erscheint Ija Perkowska, die dritte Ausländerin im Bunde bei den sonntäglichen Spaziergängen.

Mit Anna wird dabei nur spanisch und mit Elena und Ija nur russisch gesprochen. Ija ist 82 Jahre alt und hat in der Sowjetunion zeitweilig gemeinsam mit Nikita Chruschtschow studiert, er Maschinenbau, sie Chemie. Ijas Vater war Chefingenieur im Kohlebergbau des Donezbeckens, als Deutscher wurde er bei Kriegsausbruch auf Geheiß von Stalin deportiert, als Arbeitssklave beim Bau des Moskwa-Wolga-Kanals eingesetzt und schließlich ermordet.

Ija wanderte geschickt zwischen zwei Welten. Sie arbeitete als Dolmetscherin und leitete eine Zeitlang das Moskauer Büro der Essener Ferrostaal-AG, damals die Stahlhandelstochter des Oberhausener Gutehoffnungshütte-Konzerns. Später bekam sie ein Büro in der Essener Zentrale. Sie kennt alle Industriellen der Montanindustrie des Ruhrgebiets, aber auch zahlreiche Journalisten, die in Moskau gearbeitet hatten. »Damals im Hotel Ukraina haben wir uns oft getroffen. Der Fritz Pleitgen war so jung, dass ich immer gesagt habe, der darf noch gar keinen Wodka kriegen.«

Schwester Barbara hat sich entschuldigt, Bruder Peter kommt erst am späten Nachmittag. Uta hänselt ihn immer, weil er an die Seelenwanderung nach fernöstlichem Modell glaubt. »Ich will doch nicht als Ameise wiedergeboren werden, ich will nach dem Tod mit allen lieben Menschen zusammen sein, vor allem natürlich mit Edmund. Aber doch nicht als Ameise!«

Es klingelt. Ein Mann möchte einen Blumenstrauß abgeben. Er stellt sich als Inhaber eines bekannten Maklerbüros vor. »Ich bewundere Sie seit vielen Jahren. Meine Gratulation möchte ich mit dem Angebot verbinden, dass wir Ihnen jederzeit bei der Suche nach einem neuen Haus behilflich sind.«

URH starrt den Besucher verständnislos an. »Ich habe doch hier ein wunderschönes Haus, warum sollte ich eins suchen?«

»Aber das steht doch in der Zeitung, dass Sie ein Haus suchen für sich und Ihren Mann.«

URH hat Mühe, das Lachen zu unterdrücken. »Danke für die Blumen, aber lesen Sie sich den Bericht noch einmal durch. Dann werden Sie selber merken, warum wir nicht ins Geschäft kommen.«

Was ich URH gern gesagt hätte

URH kapselt sich immer mehr von der Umwelt ab. Als sie bei Johannes B. Kerner erzählt, dass sie nicht aufhört, über den Tod ihres Mannes zu trauern, bekommt sie viele Briefe. Zuschauer teilen ihr mit, dass es ihnen ähnlich ergeht und auch sie ihre Traurigkeit nicht überwinden können. Von ihnen fühlt sich URH verstanden. Die weitaus meisten Zuschriften haben jedoch eine andere Tendenz. Frauen und Männer möchten ihr Trost zusprechen, indem sie berichten, wie ihnen der Glaube geholfen hat, mit Schicksalsschlägen fertig zu werden. URH ärgert sich über diese Post, am meisten über Leute, die ihr bestimmte Gebete oder Wallfahrten vorschlagen oder den Übertritt zu einer neuen Religionsgemeinschaft, Jehovas Zeugen eingeschlossen.

»Ich möchte mit meiner Trauer allein gelassen und vor allem nicht belehrt werden«, stellt URH klar. »Es freut mich, wenn andere mit der Kirche oder mit Gott andere Erfahrungen gemacht haben, aber das ändert doch nichts daran, dass ich eben meine eigenen Erfahrungen gesammelt habe. Daraus habe ich meine Konsequenzen gezogen und Nein und Amen gesagt, als Mensch und ganz besonders auch als Wissenschaftlerin.«

Einen dieser Briefe beantwortet sie allerdings mit besonderer Freundlichkeit. Geschrieben hat ihn Alexandra Toepsch aus Velen im Münsterland, 70 Jahre alt und 1955 Studentin am Seminar für Seelsorgehilfe und Katechetik in Bonn-Venusberg. Damals hatte sie sich für ihre nur fünf Jahre ältere Dozentin URH begeistert. »Obwohl ihr Vater in der evangelischen Kirche so prominent war, war URH schlicht, zurückhaltend und lieb. Ihre Vorlesungen waren eine reine Freude für Geist und Seele. Sie trug immer wunderschöne Pullover oder Jacken und Röcke, die ihr Mann auf einer Maschine gestrickt hatte. Bei Kerner hätte ich sie beinahe nicht wiedererkannt, eine ganz andere Persönlichkeit, so nervös und hektisch, die Augen voller Unruhe und Traurigkeit. Sie war so depressiv, dass ich zutiefst erschüttert war. Das alles konnte doch nicht allein mit dem Tod ihres Mannes zusammenhängen.«

Alexandra Toepsch hatte das dringende Bedürfnis, ihre frühere Dozentin zu trösten. »Ich wollte sie nicht belehren, sondern etwas aufheitern mit meinen Erlebnissen in der Seelsorge in Lateinamerika.«

Ob sie URH besuchen dürfe? Die Antwort kam postwendend per E-Mail, freundlich, aber bestimmt. Danke für den Gruß, aber seit dem Tod ihres Mannes empfange sie keine Besucher mehr. In ihrer Trauer möchte sie allein gelassen werden, und im Übrigen seien ihre eigenen Erfahrungen mit dem Christentum eben ganz anders.

Ich beschließe, Alexandra Toepsch aufzusuchen und sie zu fragen, was sie wohl ihrer einstigen Dozentin gesagt hätte, wenn es zu einer Begegnung gekommen wäre.

In der Essener Zentrale des katholischen Hilfswerks Adveniat für die Seelsorge in Lateinamerika empfängt mich eine 70-jährige Dame von dezenter Eleganz, beeindruckender Vitalität und herzlicher Freundlichkeit. Ihr Leben hat sie mit dem Dienst für die Kirche ausgefüllt. Nach dem Seminar war sie zunächst zehn Jahre Gemeindereferentin beim Seminardirektor, der gleichzeitig Pfarrer von Bonn-Venusberg war. In dieser Zeit studierte sie in Bonn Theologie, vornehmlich Liturgik und Patristik, die Lehre von den Kirchenvätern. 1965 legte sie das Fakultätsexamen ab und ging dann für sieben Jahre als Pastoralreferentin nach Nordargentinien.

»Ich war von den Menschen in Lateinamerika und von ihrer tiefen, aber so ganz anders gearteten Gläubigkeit fasziniert. Als Adveniat mir 1974 eine Stelle als Referentin anbot, stand für mich fest, dass ich mit diesem Kontinent mein Leben lang verbunden bleiben wollte«, erzählt sie mir. Im Laufe der Jahre war sie Projektreferentin für die meisten der spanischsprachigen Länder Lateinamerikas und die letzten beiden Jahre verantwortlich für die Abteilung »Projekte« der Adveniat-Geschäftsstelle. Seit der Pensionierung 1998 arbeitet Alexandra Toepsch das Archiv von Adveniat auf.

– »Sie machen auf mich einen sehr frohen und glücklichen Eindruck, so als wären Sie mit Ihrem Leben rundum zufrieden«, setze ich das Gespräch fort.

»Ich bin es auch und würde keinen Schritt anders tun.«

– »Wieso kommen Sie beim Umgang mit der Kirche zu einem so ganz anderen Ergebnis als Uta Ranke-Heinemann?«

»Ich habe mich auch gelegentlich an der Kirche gerieben, aber ich weiß, dass Christus sie Menschen anvertraut hat mit all ihren Schwächen, die man somit auch akzeptieren muss. Man darf nie aufhören, Gott zu suchen. Durststrecken gibt es dabei immer.«

– »Uta Ranke-Heinemann hat die Kirche, den Glauben aus wissenschaftlicher Sicht betrachtet. Sie haben ebenfalls wissenschaftlich gearbeitet, sagen aber, Sie hätten diesen Glauben in Lateinamerika mehr aus der konkreten alltäglichen Praxis erlebt. Was hat das an Ihren Auffassungen geändert?«

»In Lateinamerika habe ich erlebt, wie die Menschen in erster Linie die Begegnung mit dem lebendigen Christus suchen und die Trennung von Glaube und Leben überwinden wollen. Dazu helfen ihnen z.B. die kirchlichen Basisgemeinschaften, die gemeinschaftliche Feier der Liturgie, auch Prozessionen, in denen die tiefe Volksreligiosität zum Ausdruck kommt und die von der Kirche mit einer eigenen Pilgerpastoral theologisch begleitet wird. Die Menschen haben ein Verlangen nach der Botschaft des Evangeliums und nehmen sie freudig auf.«

– »In Europa würde man das abwertend naiv nennen.«

»So generell? Die Christen in Lateinamerika haben noch Sinn für Bilder und Gleichnisse, mit denen Transzendentes, übernatürliche, nicht mit dem Intellekt fassbare Wirklichkeit ausdrückt wird.«

– »Und Sie selbst? Die Kirche verlangt doch auch von Ihnen, dass Sie bestimmte Dinge einfach glauben.«

»Die Kirche erlaubt mir aber doch auch, meinen Glauben kritisch zu hinterfragen. Wenn ich die Gläubigen in Lateinamerika betrachte, die machen sich nicht so viel Kopfzerbrechen über bestimmte Dogmen, die zwar wichtig sind und dem Glauben ein festes Fundament geben. Für sie ist jedoch zuallererst wichtig, dass Jesus gelebt hat, uns sein Evangelium anvertraut hat und dass diese Botschaft gehört und gelebt wird.«

– »Ihnen kommen diese lateinamerikanischen Vorstellungen sehr entgegen?«

»Ich kann mich zu wissenschaftlich-theologischen Fragen, wie sie etwa Frau Professor Ranke-Heinemann bewegen, leider nicht kompetent äußern. Meine konkrete Projektarbeit war mehr praxisbezogen. Ich möchte Ihnen mal aufzeigen, wie Glaube und Leben in Lateinamerika zusammengehören. Als ich in Argentinien meine Arbeit als Pastoralreferentin begann, wollte ich angesichts der Armut Kurse zur Allgemeinbildung, Frauenförderung u.a. durchführen, ohne Erfolg. Die Leute sagten mir, wenn Sie uns zum Beten einladen, dann kommen wir. Das habe ich dann so getan. Der nächste Schritt war, geben Sie uns das Evangelium in die Hand und erklären Sie es uns. Das

Ergebnis war, dass sie – motiviert durch die Botschaft des Evangeliums – anfingen, selbst ihr Schicksal in die Hand zu nehmen, indem sie soziale Aufgaben und Bildungsarbeit übernahmen. So finden wir es an vielen Stellen in Lateinamerika. Das gelebte Wort Gottes bewirkt durchaus auch notwendige gesellschaftliche Veränderungen.«

Ein Denkmal zum Schluss

»Es gibt nichts, womit sich meine Gedanken von jeher mehr beschäftigt hätten als mit der Vorstellung des Todes, selbst in der ausgelassensten Zeit meines Lebens.« Mit diesem Montaigne-Zitat endet der zweite Welt-Bestseller von URH »Nein und Amen« in der neuen, erweiterten Fassung von Oktober 2002. Die Aussage des französischen Philosophen trifft uneingeschränkt auch auf URH zu. Schon als Kind grübelte sie beispielsweise sehr zum Leidwesen ihrer Mutter immer wieder darüber nach, wo wohl die Toten sein könnten, deren Namen auf den Grabsteinen stehen. Seit Edmunds Tod an jenem 11. September 2001 geht das Denken und Grübeln weiter. »Er wird zwar nie mehr zu mir kommen, aber ich werde zu ihm kommen. Werde ich das wirklich?«, schreibt URH auf der vorletzten Seite ihres erweiterten Buches. »Ist es nicht merkwürdig, dass ausgerechnet ich, die ich nicht mehr glauben wollte, in dieser Frage ganz gläubig bin und fest mit einem Wiedersehen rechne?«, fragt sie mich beim Tee in ihrer dunklen Küche.

URH setzt sich jetzt wieder häufiger an einen ihrer Computer und schreibt sich Zweifel und Hoffnungen, aber auch neue Erkenntnisse von der Seele. Ihre Gedanken kreisen fortan um zwei Themen: erstens um den Tod und die Dinge »jenseits des Todes« in den verschiedenen Weltreligionen und zweitens um ihren endgültigen Abschied vom traditionellen Christentum. »Mit diesem 20. Kapitel möchte ich Edmund ein Denkmal setzen«, sagt sie. Vielleicht aber folgt ein neues Buch, denn sie schafft sich zusätzlich 92 Bände eines alten Lexikons in spanischer Sprache und ein italienisches Lexikon mit 30 Bänden an. Darin, in der Encyclopaedia Britannica, im Larousse und in ihren gesammelten Literaturschätzen durchstöbert sie alles, was sie zum Thema Tod finden kann.

Eigentlich braucht sie nur bei sich selber in »Nein und Amen« nachzuschlagen. Für Kapitel 17 »Die Hölle« hat sie bereits die wichtigsten Aussagen dazu aus den frühesten Kulturen und Religionen zusammengetragen, damals allerdings vor allem unter dem Aspekt Strafen für das Böse und Belohnung für das Gute. Das Ergebnis: Die Hölle, so wie sie sich die Christen heute vorstellen, gibt es nicht. Der Ort des Schreckens ist im Laufe der Zeit hinzu gedichtet worden »als kirchliche Drohung an alle Sünder und Kirchengegner« zur lebenslangen Einschüchterung. Wohin also kommen die Menschen nach ihrem Tod, wenn die Alternative Hölle (s. das Kapitel »Zur Hölle mit der Hölle«) entfällt?

Es gibt viele Möglichkeiten, mit denen sich URH anfreunden kann. Eine Grundvorstellung, die sie auf keinen Fall aufgeben möchte, ist dabei das Wiedersehen mit geliebten Menschen, insbesondere mit Edmund. »Zu den Leuten, die ich unbedingt im Jenseits treffen möchte, gehört außer meinen Eltern auch Kardinal Ratzinger«, fügt sie hinzu. Von fernöstlichen Religionen, in denen der Mensch im Nirwana aufgeht oder in anderer Gestalt wiedergeboren wird, hält sie wenig, weil sie glaubt, dass bei diesen Veränderungen die Individualität des Menschen verloren geht. »Mich betrübt sehr, dass mein Bruder als Anthroposoph an Wiedergeburt glaubt.« Sympathisch findet sie die Vorstellungen der Chinesen, dass die Ahnen die Menschen umgeben und sich um die Lebenden kümmern. »Es war nur folgerichtig, dass sie die christlichen Missionare, die nur Gott und Maria zu verehren erlaubten, davongejagt haben.« Auch die Jenseits-Hoffnungen der Ägypter nicht nur für die Pharaonen, sondern für alle Menschen gefallen ihr.

In letzter Zeit faszinieren sie die Theorien Darwins. Seine These, dass sich das Leben konsequent weiter entwickelt, und zwar zu Höherem, konkret: in Richtung eines geistigen Stadiums, deckt sich mit ihren Vorstellungen, dass auf dieser neuen und uns unbekannten geistigen Ebene ein Wiedersehen stattfindet. Keine Energie geht verloren, sie wird allenfalls in eine neue Form umgewandelt. »Der Mensch lebt jetzt in seinem Körper. Der nächste Entwicklungsschritt könnte dann das Leben auf der nächsthöheren Stufe, auf der Ebene des Geistes sein. Der Körper altert und vergeht, der Geist wächst und trennt sich schließlich von seinem Gehäuse, und da es für ihn keine Entfernungen gibt, hält er sich in den Galaxien auf – ist das nicht eine schöne Vorstellung?«

Möglicherweise also wird URH ihr umfassendes Wissen in einen dritten Welt-Bestseller einfließen lassen, der das Thema Tod und danach behandeln würde. Noch scheut sie vor der Schreibarbeit zurück, die schon wiederholt zu schlimmen Tennisarm-Schmerzen geführt hat. Als ich ihr vorschlage, für die Sammlung von Texten einen Kopierer oder Scanner anzuschaffen und die Schreibarbeiten einer Hilfskraft zu übertragen, wehrt sie ab: »Ich schreibe doch Zehnfingersystem, das geht bei mir superschnell.« Offenbar findet sie die Idee von einem dritten großen Wurf doch nicht so abwegig.

Während also das Kapitel Tod noch in der Schwebe ist, hat URH das Kapitel Christentum für beendet erklärt. »Schluss, aus, vorbei! Ich kann das Gequatsche von der Jungfrau, von Erlösung durch Blut oder von der Dreifaltigkeit nicht mehr hören. Was ist, wenn es vier sind oder 187? Jesus – eine Kreuzung zwischen Menschenfrau und Gott? Die Zölibatäre fantasieren sich doch einen Ast ab. Das Christentum ist zu einer Märchenreligion geworden.« Letzter Anlass, dem traditionellen Christentum Ade zu sagen, ist für URH der Beginn des Krieges gegen den Irak. »Da bomben drei Super-Christen: der wiedererweckte Bush, der Anglikaner Blair und dann brauchten sie noch einen Katholiken und fanden Aznar. Das kann doch kein Zufall sein. Mein Abschied ist perfekt.«

Dass sie so weit wie jetzt gehen würde, hätte sie nicht für möglich gehalten, als ihr gegen Ende der sechziger Jahre erste Zweifel kamen. »Viele Jahre habe ich die katholische Kirche verteidigt, allerdings habe ich schon 1968 in ›Christentum für Gläubige und Ungläubige‹ geschrieben, dass das Christentum zur Einfachheit zurückkehren und sich von Unverständlichem und Unverstandenem trennen muss. Radikale Einfachheit habe ich das damals genannt. Heute denke ich, dass dies richtig war. Weg mit allen Märchen und Legenden und zurück zu dem, was uns von den Grundaussagen von Jesus – vermutlich – überliefert ist.«

Zurück zu Jesus. In der WDR-Fernsehsendung »Mittwochs in …«, in der URH am 15. April 1987 in Kevelaer die »Jungfrauengeburt« angezweifelt und damit das Verfahren zum Entzug ihrer Lehrerlaubnis angestoßen hatte, hat der prominente Jesuitenpater Professor Hengsbach (nicht verwandt mit dem ersten Ruhrbischof) im Februar 2002 eine »Rückkehr zur eigentlichen Jesus-Kirche« gefordert. »Ich gehe viel weiter als Hengsbach«, sagt URH dazu. »Der ist eben Jesuit und weiß, was gerade angesagt ist. Jesuskirche ist modern. Dabei ist von Jesus nicht mehr viel übrig geblieben. Er ist golden angemalt, mit Märchen und Legenden zugemüllt oder dient am Kreuz in Bayern dazu, Kinder schon früh an Grausamkeiten zu gewöhnen. Dann der Unsinn, dass Gott seinen Sohn umbringen lässt, um die Menschen zu erlösen. Davon werden Sie von den Jesuiten nichts hören, wenn sie Jesuskirche sagen.«

URH hat alle Hemmungen überwunden und sich radikal im ursprünglichen Sinn des Wortes vom Christentum gelöst. Fast alle Wurzeln sind ausgerissen. Was in Jahrhunderten ersonnen und als »Wort Gottes« im Neuen Testament zusammengefasst wurde, was von den Konzilen und »unfehlbaren« Päpsten als Glaubensgrundsatz beschlossen und verkündet wurde – für URH haben diese Texte keine religiöse Bedeutung mehr. »Jesus ist für die Christen nur durch seinen Tod wichtig. Sein Leben tritt für sie in den Hintergrund. Wenn die Christen, statt den Tod Jesu zu zelebrieren, sein Leben befolgten, wäre das besser«, schreibt sie im neuen Abschiedskapitel zu »Nein und Amen«. »Das Christentum hat an die Stelle des Wortes Jesu eine Henkertheologie gesetzt und verherrlicht einen Galgen. Aber Jesus ist geboren, um zu leben. Und er hat gelebt. Und seine Worte haben die Menschen in großen Massen angezogen ... Die Christen jedoch sollten sich dafür interessieren, was Jesus damals sagte, auch wenn sie das nur noch schwer feststellen können, weil sie ihm vieles in den Mund gelegt und anschließend ihn mit Gold übermalt haben.«

Was aber bleibt dann noch von der Bibel und den übrigen Lehren übrig? URH geht Jahrzehnte zurück, als sie noch Studentin war und im Hause des bedeutenden evangelischen Theologen Bultmann lebte. »Es scheint mir, übrigens mit Rudolf Bultmann, dass es vor allem zwei Dinge sind, die Jesus lehrte: die Absage an die Vergeltung und das Gebot der Feindesliebe.« Bultmann, so schreibt sie, sei in seinen Forschungen zu dem Ergebnis gekommen, dass diese Aussagen tatsächlich auf Jesus zurückgehen. »Die Absage an die Vergeltung und die Feindesliebe, das also hätte die offizielle Kurzfassung des Christentums sein sollen, nicht ein Glaubensbekenntnis, sondern eine Lebensregel.«

Als sie diese Sätze schrieb, hatte URH noch die Bomben auf Jugoslawien im Sinn. Nirgends habe es so viele Kriege gegeben wie bei den Christen, im Jahr 2000 hätte es genügt, wenn die Kirchen »Keinen Krieg« oder »Keine Bomben« gerufen hätten, um den Teufelskreis der Vergeltung zu durchbrechen. Im Jahr 2003 kommen die Bomben auf den Irak hinzu, geworfen von den drei Super-Christen Bush, Blair und Aznar.

URH formuliert ein neues Credo, ihr Credo. Bevor sie ihre sieben neuen Glaubensgrundsätze aufzählt, schildert sie, wie sie sich nach langem Zögern von den Grundlagen der christlichen Lehre gelöst hat:

»Und so bin ich fortgegangen, fort von Jungfraumutter und Henkervater, von dem Gott mit den blutigen Händen, dem Erwürger der Erstgeborenen, der von Abraham das Opfer Isaaks verlangte und später seinen erstgeborenen und einzigen Sohn für uns opferte. Ich wandte mich ab von den Theologen, die meine Wissenslücken mit ihrer Verstandesfeindlichkeit und ihren grausamen Märchen füllten und glaubte ihnen nicht mehr.«

Hier ihr »siebenfaches negatives Glaubensbekenntnis«:

1. *Die Bibel ist nicht Gottes-, sondern Menschenwort.*
2. *Dass Gott in drei Personen existiert, ist menschlicher Fantasie entsprungen.*
3. *Jesus ist Mensch und nicht Gott.*
4. *Maria ist Jesu Mutter und nicht Gottesmutter.*
5. *Gott hat Himmel und Erde geschaffen, die Hölle haben die Menschen hinzuerfunden.*
6. *Es gibt weder Erbsünde noch Teufel.*
7. *Eine blutige Erlösung am Kreuz ist eine heidnische Menschenopfer-Religion nach religiösem Steinzeitmuster.*

Was aber glaubt Frau Professor Dr. Uta Ranke-Heinemann jetzt, im Jahr 2003, mit 75 Jahren und nach gut einem halben Jahrhundert der permanenten Beschäftigung mit theologischen Fragen? »Das Einzige, das Positive, was mir vom Christentum geblieben ist ..., ist die Hoffnung auf ein Wiedersehen mit den geliebten Toten.« Für sie gibt es also nach dem Tod etwas Neues, etwas Anderes, was immer das sein mag. Und Gott? »An Gott brauche ich nicht zu glauben, weil ich weiß, dass es Gott gibt.«

Und die persönliche Lebensbilanz? Hat sich die Mühe des Lernens, des Studierens, des Verzichts ausgezahlt? Hat es sich gelohnt, um den christlichen Glauben und für den Frieden zu streiten? Die schnelle Antwort lässt alles offen: »Wenn sich mein Wunsch erfüllt, dass es nach dem Tod etwas Neues und ein Wiedersehen mit Edmund gibt, dann ist mein Leben sinnvoll gewesen. Wenn nicht, war alles vergebens.«

Wie die Amtskirche das Lebenswerk der ersten katholischen Theologieprofessorin der Welt beurteilt, wird ein Geheimnis bleiben. Ob Pfarrer, Generalvikar oder Bischof – niemand ist bereit, sich dazu zu äußern. »Sie hat sich doch selbst exkommuniziert«, heißt es lapidar. Joseph Kardinal Ratzinger, der Studienfreund von einst, jetzt Dekan des Kardinalskollegiums und damit der erste Mann der Kirche nach dem Papst, erweist sich als Diplomat. Er, der »Großinquisitor«, müsste URH eigentlich verurteilen, aber das will er offensichtlich nicht. So lässt er meine Anfrage durch Msgr. Dr. Georg Gänswein beantworten, den Leiter seines Sekretariats: »Seine Eminenz lässt Ihnen mitteilen, dass ihm seine Tätigkeit als Präfekt der Kongregation für die Glaubenslehre kaum freie Zeit zu zusätzlichen Arbeiten lässt, so dass er sich leider außerstande sieht, Ihrer Bitte zu entsprechen.«

Einer, der keine Bedenken hat, über URH und ihre Arbeit offen zu reden, ist der um wenige Monate jüngere Schweizer Theologe Professor Hans Küng. Er lebt in Tübingen und verlor bereits 1979 seine Lehrbefugnis im Fach katholische Theologie. Dem weltweit anerkannten Theologen Küng, der die Unfehlbarkeit der Päpste in Zweifel gezogen hatte, warf Rom ein Abweichen in Grundfragen der Lehre von Jesus Christus vor. Für Küng, so hört man aus dem Bistum Rottenburg, wird es zwar keine Rehabilitierung geben, wohl aber den Versuch einer Versöhnung.

Uta Ranke-Heinemann und Hans Küng, zwei theologische Rebellen, haben über Jahrzehnte hinweg keinen Konflikt mit der katholischen Kirche und dem Vatikan gescheut. Als ich ihn im Februar 2003 bitte, aus seiner Sicht etwas zur Bedeutung seiner Kollegin zu sagen, ist er dazu sofort bereit.

»Es ist in der Kirche dringend notwendig, dass bisweilen unkonventionelle Vorstöße gemacht werden«, beschreibt Hans Küng die gemeinsame Aufgabe. »Das betrifft besonders die Sexualmoral, die durch Jahrhunderte tabuisiert worden ist. Ich habe es immer begrüßt, dass Uta Ranke-Heinemann den Mut hatte, auch bissige Angriffe auf sich selbst in Kauf zu nehmen, um zu kontroversen Fragen Stellung zu beziehen, beispielsweise zur Abtreibung, die von den Kirchenoberen nicht mit voller Ehrlichkeit behandelt werden. Auf dem rechten Flügel der Kirche gibt es ungezählte Betonköpfe in Dogma und Moral, die wir aushalten müssen. Dann muss es doch eigentlich möglich sein, auch eine Frau wie Uta Ranke-Heinemann linksaußen zu ertragen. Ich habe stets ihre direkte Art der Konfrontation geschätzt, auch wenn sie gegenüber manchen Hierarchen unnachsichtiger war als jemals mir gegenüber, denn wir haben uns immer sehr geschätzt.«

Literatur

Ranke-Heinemann, Uta: Eunuchen für das Himmelreich, Hoffmann und Campe, Hamburg 1988/Heyne
dies.: Nein und Amen, Hoffmann und Campe, Hamburg 1992/Heyne
dies.: Weisheit der Wüstenväter, Patmos, Düsseldorf 1958
dies.: Christentum für Gläubige und Ungläubige, Driewer, Essen 1968
dies.: Antwort auf aktuelle Glaubensfragen, Driewer, Essen 1969
dies.: Widerworte, Torso-Verlag, Essen 1985/Goldmann
Ranke, Edmund: stadt des herzens, Driewer, Essen 1965
Schütt, Hans-Dieter: Querköpfe – Uta Ranke-Heinemann, Elefanten-Press, Berlin 1993
Vinke, Hermann: Gustav Heinemann, Cecilie Dressler Verlag, Hamburg 1997
J. Thierfelder/M. Riemenschneider (Hg.): Gustav Heinemann – Christ und Politiker, Hans Thoma Verlag, Karlsruhe 1999
Allen, John L.: Kardinal Ratzinger, Patmos, Düsseldorf 2002
Schwarzer, Alice: Eine tödliche Liebe – Petra Kelly und Gert Bastian, Kiepenheuer & Witsch, Köln 1993
Weitere Quellen sind u. a. eigene Gedächtnisprotokolle der »Gespräche mit URH am Küchentisch«, die gesammelten Pressemitteilungen der Bischöflichen Pressestelle Essen, Berichte und Dokumentationen aus Zeitungen und Zeitschriften sowie Dokumente des Vatikans im Internet unter www.vatican.va in deutscher, englischer oder spanischer Sprache.